생활 속의 천수경

김현준 지음

책머리에

우리나라에는 대장경 안에도 없고 세계 어디에도 없는 참으로 특별한 경전이 있습니다. 그 경전은 가피가 가득하고, 그 경전에는 1600년이 넘는 한국 불교의 특징과 한국인의 자상함이 듬뿍 담겨 있습니다. 어떠한 경전일까요?

바로 『천수경』입니다. 관음신앙, 보다 구체적으로 말하면 천수관음신앙의 진수를 담아, 누구나 쉽게 천수관음의 대자비 속으로 들어가서 가피를 입고 행복을 누릴 수 있도록 만든 경전이 천수경입니다.

그래서인지 『생활 속의 천수경』을 쓰는 것은 다른 어떤 글을 쓰는 것보다 마음이 쓰이고 부담이 되었습니다.

하지만 다행스럽게도 월간 「법공양」 2015년 9월호부터 2016년 8월호까지 열두 차례에 걸쳐 연재를 하는 동안, 제 자신이 천수경과 관세음보살님의 자비 속으로 깊이 빠져들어 나날이 정성을 더할 수 있었습니다. 가득한 환희심으로 글을 쓸 수가 있었습니다.

이제 3년 만에 개정판을 내면서, 천수경 한글 번역을 완전히 바꾸었습니다. 읽는 분들이 혼동하지 않도록 하기 위해 제가 애써 번역한 글을 버리고, 현재 조계종 일부 사찰에서 실제로 사용하고 있는 '한글 의례문 천수경'대로 변경·수록하였습니다.

그리고 너무 세세한 부분까지 해설하였던 초판의 일부 글들을 삭제하여, 보다 편안하게 읽고 이해할 수 있도록 하였습니다.

부디 부족함이 많은 글이지만 천수경 속에 깃든 가르침을 잘 수지하여 관세음보살님의 무한자비와 함께하고, 큰 가피 속에서 참으로 지혜롭고 평화롭고 행복한 삶을 이루시기를 두 손 모아 축원 드립니다.

불기 2564년 설날 아침
경주 남산 동쪽 기슭에서
金鉉埈 합장

차 례

제2장 천수경의 중심 내용

제3장 기도 성취를 돕는 의례들

발원과 서원 / 197

제1장

천수경의 서막

천수경의 주인공 천수관음

천수와 천안을 갖춘 까닭

우리가 앞으로 함께 살펴볼 『천수경』은 관세음보살님의 여러 분신 중에서 가장 큰 힘을 갖춘 천수천안관세음보살千手千眼觀世音菩薩을 주인공으로 삼고 있는 경전입니다.

곧 천 개의 눈으로 중생의 고통을 살피고 천 개의 손으로 끊임없이 중생을 구원하여 안락함 속으로 인도하는, 천수천안의 관세음보살님과 함께하는 법을 깨우쳐주는 경전이 『천수경』입니다.

그럼 관세음보살과 천수관음은 다른 분인가? 물론 아닙니다. 본래는 두 손만을 지닌 관세음보살인데, 많은 중생을 한꺼번에 살피고 한꺼번에 구제하기 위해 천 개의 눈과 천 개의 손을 갖추어서 보다 뛰어난 능력을 발휘할 수 있게 된 변화신이 천수천안관세음보살님입니다.

불자들은 석가모니불을 '사생자부四生慈父'라고 부릅니다. 태胎·란卵·습濕·화化의 네 가지 방식으로 생명을 받는 존재〔四生〕, 곧 모든 생명의 자비로운 아버지가 석가모니불이라는 뜻입니다.

석가모니불이 자부라면, 불보살님 중에서 어머니에 해당하는 분은 누구인가? '대성자모大聖慈母 관세음보살'이 바로 그분입니다. 큰 성인이요 자비로운 어머니인 관세음보살님!

관세음보살님은 갓난 자식을 돌보는 어머니처럼 중생을 향해 대자비의 마음을 활짝 열고 귀를 활짝 열어 괴로움 속에서 신음하는 중생의 소리를 듣습니다. 그리고 도움을 청하면 기꺼이 대자비의 힘을 발휘하여 그들의 고난을 뿌리 뽑고 행복을 안겨줍니다.

너무나 큰 자비심을 품고 계신 관세음보살님. 고통과 근심과 어려움에 처하여 토해 내는 '이 세상 중생들의 소리〔世音〕'를 '귀로 듣고 마음을 보아서〔觀〕', 자유롭고 평화롭고 행복한 삶으로 탈바꿈시키고자 하는 관세음보살님.

관세음보살님은 그 넘쳐나는 대자비심을 두 개의 손만으로는 해결할 수가 없었습니다. 구제해야 할 중생은 많은데, 두 손만으로 어떻게 그 큰마음을 충족시킬 수가 있었겠습니까?

그래서 천수천안을 발원하게 되었는데, 관세음보살님
께서 천수천안을 갖추게 된 인연담은『천수경』의 핵심인
신묘장구대다라니를 받아 지니고 이 세상에 유포하게 된
것과 거의 동시에 이루어졌습니다. 먼저 천수천안을 갖
추고 신묘장구대다라니를 유포하게 된 인연담을 살펴봅
시다.

❀

석가모니불께서 관세음보살의 정토인 보타락가산의 보
장엄도량寶莊嚴道場으로 가서 법회를 열었을 때, 대중 속
에 있던 관세음보살이 은밀히 신통을 발하여 시방국토
를 밝게 비추자, 삼천대천세계가 크게 진동하면서 온통
금빛으로 바뀌었습니다. 일찍이 이러한 일을 경험하지
못했던 대중들은 '왜 모든 국토가 금빛으로 바뀌었으며,
누가 이러한 신통력을 발하였는지'를 여쭈었습니다.

부처님께서 '무량겁 전에 대자대비를 성취한 관세음보
살이 중생들을 위해 대신통력을 발한 것'이라고 하자,
관세음보살이 자리에서 일어나 합장하고 아뢰었습니다.

"세존이시여, 저에게는 대비심다라니주가 있습니다. 이
를 지금 설하고자 하오니, 자비로써 가엾이 여겨 허락하

여 주옵소서."

석가모니불께서 허락하시자 관세음보살은 대비심다라니를 얻고 천수천안을 갖추게 된 인연부터 대중들에게 들려주었습니다.

"과거 무량억겁 전 천광왕정주여래千光王靜住如來께서는 중생들을 어여삐 여겨 대비심다라니를 설하신 다음, 황금빛 손으로 저의 정수리를 만지며 당부하셨습니다.

'선남자야, 너는 이 대비심다라니로 악업과 중죄를 지은 미래 세상의 모든 중생을 크게 이익 되게 하고 안락하게 만들어야 하느니라.'

그때 저는 보살의 마지막 열 가지 경지인 십지十地 중에서 가장 낮은 초지初地의 환희지歡喜地에 머물고 있었는데, 이 다라니를 듣자마자 곧바로 제8지인 부동지不動地로 뛰어올랐습니다. 이에 크게 환희심을 느낀 저는 생각했습니다.

'반드시 나는 중생의 안락과 이익을 위해 살아가리라. 하지만 중생에게 안락과 이익을 주기에는 이 두 개의 손과 두 개의 눈만으로 할 수 있는 것이 너무도 적구나. 나에게 천 개의 손과 천 개의 눈이 있다면, 수많은 중생을 동시에 구하고 안락함을 안겨줄 수 있지 않겠는가.'

그리고는 서원을 세웠습니다.

‘내가 오는 세상의 모든 중생에게 이익을 줄 수 있고 모든 중생을 안락하게 할 수 있다면, 지금 즉시 나의 몸에 천 개의 손과 천 개의 눈이 갖추어지이다.’

그 순간, 1천 부처님께서 방광을 하여 저의 몸과 시방세계를 비추었고, 저는 순식간에 천 개의 손과 천 개의 눈을 갖추게 되었습니다. 천수천안이 된 것입니다.”

이상의 이야기를 들려준 다음, 관세음보살은 대비심다라니를 설하였습니다.

❀

이상의 인연담은 『천수천안관세음보살 광대원만무애대비심다라니경』에 잘 묘사되어 있으며, 이야기 속의 ‘대비심다라니’가 천수경 속에 있는 신묘장구대다라니입니다.

잠깐 사색에 잠겨 보십시오. 관세음보살님께서 천수천안을 갖추게 된 까닭이 무엇인지를? 나의 이익과 안락을 위함이었습니까? 아닙니다. 큰 환희로움 속에서 ‘일체중생을 안락하게 하고 이익 되게 하겠다’는 마음이 가득했기 때문에 천수천안을 갖추게 된 것입니다.

천수경을 공부하는 우리 또한 이 이야기를 통하여 꼭 명심해야 할 것은 ‘이기심이 아니라 자비심을 키우면서 살아가야 한다’는 것입니다.

“내가 관세음보살님의 자비를 구하는 것처럼, 사람들

중에는 나의 도움을 필요로 하는 이들이 있으리라. 나도 그들에게 도움을 주고 능력껏 베푸는 사람이 되리라."

이렇게 마음을 먹고 천수경을 독송하거나 사경을 하면 보다 쉽게 관세음보살님의 가피를 입을 수 있게 됩니다.

왜 그렇게 될까요? 관세음보살님과 내 마음의 '자비 주파수'가 일치를 하기 때문입니다.

꼭 기억하십시오. 이기심이나 자존심을 내려놓고, 자비를 실천하며 살아갈 때, 내 속의 무한능력이 발현되고 영원한 생명력이 깃들게 됩니다. 대우주에 가득차 있는 대행복과 대평화와 대해탈의 기운이 나의 것이 됩니다.

그러므로 관세음보살을 의지하여 구원을 얻고자 하는 불자라면, 시련과 힘든 일이 찾아들 때 남을 원망함 없이 그 시련을 받아들이면서, 오히려 '나도 힘을 키워 고통을 받는 사람들을 구제하겠다'는 원을 가질 수 있어야 합니다.

나만의 구원이 아니라 남 또는 다른 무엇을 위해 대자비라는 보다 큰마음을 일으킬 때, 참으로 큰 능력과 큰 성취가 나에게로 다가오고 내가 바뀌게 된다는 것을 잊지 마시기 바랍니다.

천수관음의 모습과 가피

이제 천수천안관세음보살님의 모습을 살펴봅시다. 『삼국유사』등의 문헌을 보면 우리나라에서의 천수관음신앙은 신라시대 때부터 꾸준히 이어져 왔음을 알 수가 있고, 지금도 천수관음신앙은 큰 비중을 차지하고 있습니다. 하지만 중국이나 일본과는 달리, 우리나라에서는 오래된 천수관음상이나 천수관음탱화를 찾아볼 수가 없습니다. 아마도 억불정책 등으로 인해 천수관음과 관련된 성보들은 훼손되었고, 사찰의 경제력 부족으로 대작들을 다시 만들지 못했기 때문입니다.

사찰경제력이 회복된 요즈음에서야 탱화를 모실 때는 가끔씩 1천 개의 손과 1천 개의 눈을 모두 묘사한 천수관음탱화를 봉안하고 있습니다.

하지만 옛날이나 지금이나 천수관음상을 봉안할 때는 1천 개의 손을 모두 묘사하기가 매우 힘이 들었기 때문에, 천수 대신 42수手만을 표현하는 경우가 많았습니다. 그럼 42수로써 천수를 대신할 수 있는가? 있습니다. 어떻게 천수를 대신할 수 있는가?

곧 42수 중 가운데의 합장을 한 두 손은 본래의 손이고, 나머지 40수는 방편의 손입니다. 그 40개의 방

편수 하나가 25유有(25유형의 중생)를 제도하므로 40수×
25=1000수가 되는 것입니다. 여기서의 25유는 지옥부
터 천상까지의 육도중생을 보다 자세히 분류하여 25계
층으로 나타낸 것입니다.

42수천수관음탱화 해남대흥사.
154×74cm 초의선사작품

1천 개의 손을 약식화한
천수관음의 42수 중, 가운
데의 합장한 두 손을 제외
한 좌우 40개의 손에는 각
각 한 가지의 독특한 물
건을 쥐고 있습니다. 여의
주·바루·석장·검·도끼·
금강저·활·화살·방패·
해·달·감로병·연꽃·부처
님 등등….

이 지물持物들은 밀교의
칠관음 중 여섯 관음인 성
관음·십일면관음·준제관
음·여의륜관음·마두관
음·불공견삭관음이 지니
고 있는 지물들을 모두 포
함하고도, 해·달 등 15개

정도의 지물을 더 보여주고 있습니다.

그리고 천수관음의 얼굴 또한, 가장 많은 얼굴을 나타낸 11면관음의 11면을 모두 취하고 있습니다.

보관 위에 자애로운 모습인 자상慈相 3면, 성난 모습인 진상瞋相 3면, 흰 이를 드러내며 미소 짓는 백아상출상白牙上出相 3면, 호탕하게 웃는 폭대소상暴大笑相 1면, 부처님 모습인 불면佛面 1면이 묘사되어 있습니다.

그럼 이 42수와 11면이 무엇을 일러주고 있는가? 천수관음이 모든 힘이 결집된 관음이요 가장 힘있는 관음임을 깨우쳐주고 있는 것입니다.

다시 42수로 돌아갑니다. 천수관음의 42수에 쥐고 있는 하나하나의 지물들은 중생들의 갖가지 원을 성취시켜주는 데 사용되는 용구들입니다.

그리고 42수의 하나하나에는 관세음보살 42수진언手眞言 중 각각 한 개씩의 짧은 진언이 배당되어 있습니다.

예를 들면, 여의주에는 관세음보살 여의주수진언 '옴 바아라 바다라 훔바닥'이, 바루에는 보발수진언 '옴 기리기리 바아라 훔바닥'이, 활에는 보궁수진언 '옴 아자미레 사바하'라는 진언이 관련되어 있습니다.

그러므로 여의주를 생각하며 여의주진언을 외우는 이는 보배와 재물을 마음대로 얻을 수 있게 되고, 바루를

보궁수   여의주수   보발수

든 손을 떠올리며 보발수진언을 외우면 불안으로부터 벗어나 안락을 얻을 수 있게 된다는 것입니다.

또한 석장은 고난에 처한 중생들을 구해주고, 검은 잡귀를 쫓아내고, 도끼는 일체 고를 끊어내고, 활은 높은 벼슬을 얻게 하고, 화살은 착한 친구를 만나게 하고, 방패는 맹수를 물리치고, 해는 눈 어두운 이에게 광명을 얻게 하고, 달은 모든 병을 낫게 하며, 감로병은 청량함을, 연꽃은 공덕성취와 극락왕생을, 부처님은 성불하게 하는 상징성을 띠고 있습니다.

이렇듯 천수관음의 42수는 한량없는 자비와 공덕을 갖추고 있어서, 고통 받는 중생을 구원해줄 뿐 아니라 세간의 낙을 추구하는 이들의 소원까지 모두 수용하고 있습니다.

그럼 우리는 고난이 있고 소원이 있을 때마다 이 42수 진언 중에 나의 처지에 맞는 것을 따로따로 택하여 외워야만 천수관음의 가피를 받을 수 있는가? 아닙니다.

'관세음보살'을 열심히 외우거나 천수경 또는 '천수관음의 총주總呪'인 신묘장구대다라니만 열심히 외우면 고난을 면하고 소원을 성취할 수 있습니다.

그렇다면 천수관음을 신봉할 때 면하는 고난은 무엇이고 성취하는 소원은 무엇일까요?

천수관음께서는 우리의 어떠한 소원도 저버리지 않고 포용합니다. 어떠한 장애가 있는 중생이라 할지라도 천수경을 외우며 천수관음과 함께하면 관세음보살님께서는 그들의 소원을 남김없이 성취시켜주십니다.

곧 병·잡귀·마군·원적꺾기·두려움과 불안으로부터 안락 얻기·일체장애소멸·풍년과 뱃길의 안전 등은 기본이요, 오늘날의 인간들이 가장 원하는 부자 되기·성공하기·시험 합격·나의 행복과 가정의 평화 이루기·좋은 친구 얻기·공덕과 지혜의 성취까지도 기꺼이 도와주십니다.

더 나아가 극락왕생을 원하고, 부처님을 친견하여 가까이에서 모시고자 하는 이, 성불할 때까지 물러남이 없고, 언설변재言說辯才와 미묘한 법을 성취하여 중생을 제도하려는 이들에게도 크나큰 성취를 안겨줍니다.

눈에 보이게 또는 은근히, 언제나 우리에게 자비의 손

길을 뻗쳐주는 천수천안관세음보살님….

하지만 이 관세음보살님께서는 우리에게 특별한 것을 요구하지 않습니다. 음식도 돈도 희생도 바라지 않습니다. 오직 바라는 것은 잡됨이 없는 순수한 마음으로, 현재 처한 어려움과 어두움의 길을 열고자 하는 간절한 한 생각만을 바랄 뿐입니다. 왜냐하면 '간절히 구하는 그 한마음이라야 그분과 우리가 하나로 합하여질 수 있기 때문'입니다.

있는 자리에서 천수천안을 만들자

그리고 천수관음께서는 또 하나 권장하는 것이 있습니다. 우리에게 천수천안은 아닐지라도 다양한 자비의 손과 다양한 자비의 눈을 만들어 가라는 것입니다.

지금 우리에게는 두 개의 손 밖에 없습니다. 그러나 우리가 살아가면서 빚어내는 손의 역할은 둘 만으로 그치지 않습니다. 자식을 향한 부모의 손을 예로 들어보겠습니다.

자식의 아픔을 치유해주는 손, 원하는 것을 얻게 해주는 손, 힘든 것을 다독거려주는 손, 맛있는 음식을 해주는 손, 포근하게 안아주는 부드러운 손, 작은 것 하나까지 정성을 기울여주는 섬세한 손, 용돈을 주는 풍요로운 손, 모든 잘못을 덮어주고 편안한 길로 인도하는 넉넉한 손, 바른길로 인도하고자 매를 드는 가혹한 손 등등 아주 다양한 손을 지니고 있습니다.

이제 이 손을 자식에서 부모형제에게로, 친구와 동료와 이웃에게로, 나아가 사회와 인류에게로 확대하게 되면, 그 손의 수는 점점 더 많아지고 천수에 가까워집니다.

이처럼 우리 스스로가 보이지 않는 나의 손길인 살리는 손, 베푸는 손, 사랑의 손, 함께 나누는 손, 서로를 돕는 손 등의 자비로운 손길을 만들어가는 것이 천수관음의 '천수千手'가 일깨워주는 근본 가르침이라는 것을 잊지 말아야 합니다.

또한 그 손으로 큰 것만 하라는 것은 결코 아닙니다. 길에 떨어진 휴지 줍기, 남이 사용하고 덜 잠근 수도꼭지 잠그기, 사용하지 않는 전깃불 끄기, 길 안내하기, 한 그루 나무심기, 꽃씨 뿌리기, 내 집 앞 눈 치우기 등을 행하면서 능히 아름다운 손을 만들어 낼 수 있습니다.

실로 남을 살리고 사랑하고 구제하는 손을 '나' 스스로가 얼마나 많이 개발하느냐에 따라, 나 자신의 능력은 물론이요 내 삶의 방향과 내용이 크게 변화하게 됩니다.

이제 '나'의 손을 바라보십시오. 그리고 그 손이 무엇을 하는지를 보십시오. 정녕 중요한 것은 현재 내가 사용하고 있는 '나'의 손을 점검해 보는 일입니다.

나의 손에 의해 무엇인가가 상처를 받고 있지는 않은지? 밖을 향해 허영됨을 찾고 욕심을 채우는 손은 아닌지? 남을 바른쪽으로 맑은 쪽으로 이끌어주고, 남에게 덕을 베푸는 손이 되고 있는지?

이렇게 항상 자기 자신의 손을 되돌아보면서 반성을 하고 정진을 하게 되면 차츰 관세음보살님의 대지혜가 발현되고 대자비행이 함께하며, 천안千眼이 갖추어지기 시작하는 것입니다.

천안千眼은 내 마음속에 있는 천 개의 눈입니다. 그럼 어떻게 하여야 천 개의 눈을 마음속에 갖출 수 있는가? 이 또한 천수를 갖추는 것처럼 어렵기만 한 것이 아닙니다. 자비심을 열어 놓고 살면 천 개의 눈이 갖추어집니다.

우는 아이를 보면서 자비심을 열고, 힘없는 노인을 보면서 자비심을 열고, 나쁜 길로 빠져드는 청소년의 마음을 보면서 자비심을 열고, 바쁘고 힘들게 사는 아버지와 남편을 보면서 자비심을 열고, 가족의 뒷바라지로 힘들어하는 아내와 엄마를 보면서 자비심을 열어서, 나와 인연 있는 그 모든 이와 그분들의 행동 하나하나에 대해 새로운 눈길을 주십시오.

사랑의 눈으로 보고 이해의 눈으로 보고 이기심을 버린 눈길로 보십시오. 자꾸자꾸 자비의 눈길로 보면 어느덧 나 또한 천안을 갖추어가고 있음을 느끼게 됩니다.

사바세계라는 이 삶의 현장에서 우리가 직간접적으로 괴로움을 경험하면서, 자비심을 열어 자비의 눈길로 보고 자비의 손길로 실천을 하게 되면 누구나 천수천안을 갖출 수 있게 됩니다.

또한 천수관음께서 천수천안을 보이며 진정으로 우리를 깨우치고자 한 것은 '지금의 삶 속에서 스스로 천수천안을 만들고 갖추어서 베풀며 살아가라'는 것입니다.

꼭 기억하십시오. 천수관음께서 천 개의 눈과 천 개의 손을 가지고 계신 까닭은 당신 자신을 위해서가 아닙니다. 바로 우리를 위한 천수천안입니다. 천수천안의 출발점은 관세음보살님의 대자비심이지만, 도착점은 우리들 자신의 자비심입니다.

사바세계의 편치 않은 갖가지 인연과 삶을 살아가는 우리들이 자비심을 품고 자비행을 실천하며 나아갈 때, 차츰 관세음보살님의 천수천안을 갖추게 되고 크나큰 가피를 입어 자유롭고 평화롭고 행복한 삶을 이룰 뿐 아니라, 천수관음과 한몸을 이루게 됩니다.

이제 천수경을 통하여 이러한 삶을 이룰 것을 발원하면서, 함께 천수경을 여는〔開經〕정구업진언·오방내외·안위제신진언·개경게·개법장진언 등에 대해 살펴봅시다. 이 진언과 게송은 천수경만이 아니라 모든 경전을 독송할 때 공통적으로 외우는 경우가 많으므로, 마음을 모아 보다 자세히 풀이해 보고자 합니다.

경을 여는 진언과 게송

정구업진언

정구업진언 淨口業眞言
수리수리 마하수리 수수리 사바하 (3번)

천수경의 첫 구절은 정구업진언입니다. **정구업진언**淨口業眞言을 글자대로 풀이하면 '구업을 맑게 만드는 참된 말'입니다.

먼저 '**구업**口業'부터 살펴봅시다.

구업은 우리가 몸과 말과 마음으로 짓는 신업身業·구업·의업意業 중의 하나로, 한 글자로 줄이면 '말'입니다. 이 말은 삼업 중 마음으로 짓는 생각과 몸으로 짓는 행동 사이에 놓여 있습니다.

우리 인간은 무수한 생각을 하며 살아갑니다. 나와 직접 관련이 있는 생각만 하는 것이 아니라, 전혀 하지 않아도 되는 망상과 공상들까지 끊임없이 일으킵니다. 물론 수많은 생각의 대부분은 그냥 사라지지만, 생각의 일부는 말이 되고, 말의 일부는 행동으로 이어집니다.

우리가 내면의 생각을 '말'로 표출시켰을 때, 그 표출된 말이 뜻하지 않은 결과를 낳는 경우를 종종 경험해 보았을 것입니다. 대수롭지 않게 내뱉은 말인데도, 일단 내뱉었기에 후회해도 거두어들일 수 없었고, 구업으로 정착한 그 말에 대해 책임을 져야 했으며, 책임을 지기 위해 많은 노력을 쏟는 경우가 허다했을 것입니다.

뿐만이 아닙니다. 나의 말 한마디가 상대방의 마음에 못을 박았을 때, 돌아오는 구업의 과보는 감당하기가 참으로 힘듭니다.

그래서 부처님께서는 생각 따라 감정 따라 함부로 말을 하지 말고, 바른말〔正語〕을 할 것을 여러 가르침을 통하여 누누이 강조하셨습니다. 거짓말하지 말고〔不妄語〕, 이간질이나 중상모략하지 말고〔不兩舌〕, 욕설이나 악담하지 말고〔不惡口〕, 아첨이나 무의미한 말 하지 말라〔不綺語〕고 하신 것입니다.

정구업진언은 결코 특이한 주문이 아닙니다. 언어 습관을 바꾸는 것이 구업을 맑게 하는 '정구업'이요, 진실되고 화목하고 아름답고 살리는 말, 곧 바른말〔正語〕이 '진언'이라는 것을 꼭 기억해주시기 바랍니다.

그리고 진언 또는 다라니는 대자비의 언어이기 때문에, 진언이나 다라니의 뜻을 모르고 외워도 제목과 같은 작용이 발휘된다는 것도 잊지 말아야 합니다.

곧 정구업진언을 외울 때는 '수리수리 마하수리'의 뜻을 모를지라도 '구업을 맑힌다'는 생각을 하며 외우면 실제로 구업이 맑아지게 되고, 호신진언 '옴 치림'을 외울 때 '보호해 준다'는 생각을 하면 실제로 보호를 받을 수 있게 됩니다.

그리고 요즘에 들어서는 '뜻을 알고 외울 때 신심이 더 나고 기도가 더 잘된다'고 하면서, 진언이나 다라니의 뜻을 알고자 하는 사람이 많아졌습니다. 또 밀교가 뿌리를 내린 일본이나 중국·티베트 등에서는 진언이나 다라니를 구체적으로 해석하여 알려줌으로써 진언이나 다라니를 외우는 이들의 신심을 더욱 깊게 만들고 있기도 합니다.

그러므로 여기에서는 간략하게나마 천수경 속의 범어로 된 진언과 다라니의 뜻을 풀이하겠습니다. 이제 이 나라 국민이면 거의 모두가 알고 있는 '수리수리 마하수리…'에 담긴 뜻이 무엇인지를 살펴봅시다.

수리수리 마하수리 수수리 사바하

수리는 '거룩함·길상吉祥·청정淸淨·영광榮光 등을 갖춘 분'이라는 뜻입니다. 따라서 행복하고 청정하고 영광스러움이 가득한 '거룩한 님'으로 번역하면 됩니다.

마하수리는 수리 앞에 크다는 뜻을 지닌 마하를 붙인 낱말로, 행복하고 청정하고 영광스러움이 가득한 '크게 거룩한 님'으로 번역할 수 있으며,

수수리는 수리 앞에 '뛰어남·정말·극히'라는 뜻의 '수'를 붙였으므로, 행복하고 청정하고 영광스러움이 가득한 '지극히 거룩한 님'이라고 번역할 수 있습니다.

사바하는 '꼭 그렇게 되어지이다', '원만·성취' 등의 뜻을 지니고 있는 단어입니다.

따라서 **수리수리 마하수리 수수리 사바하**의 뜻을 다 모으면 다음과 같습니다.

"행복하고 청정하고 영광스러움이 가득한, 거룩하고 또 거룩한 님이시여. 크게 거룩한 님이시여. 지극히 거룩한 님이시여. 원만성취케 하옵소서."

경전을 시작하는 첫 구절로서, 정말 탁월하고 훌륭한 내용이라 하지 않을 수 없습니다.

그런데 참으로 묘한 점이 있습니다. '정구업진언'이라 하였으니 구업을 맑히는 것과 관련되는 낱말이 있어야 할 터인데, 오히려 지극히 거룩한 님, 행복한 님, 청정한 님, 영광스러운 님에 대한 찬미만으로 가득차 있다는 것입니다.

옛 스승들이 '정구업진언'의 뜻을 몰라서 이러한 범어를 배당시키고, 또 경전의 첫 구절로 등장시킨 것일까요? 아닙니다. 절대로 이치에 합당하지 않은 모양새를 취할 스승님들이 아닙니다. 그렇다면 분명히 까닭이 있을 것입니다. 정구업진언이라 해놓고, '크게 거룩한 님. 지극히 거룩한 님'을 설한 데는 확실한 까닭이 있을 것입니다.

사실 이 의문을 오랫동안 마음에 품고 있었지만 쉽게 풀리지가 않았습니다. 그런데 몇 년 전에 부처님께 절을 올리다가 문득 깨달았습니다.

'아하, 부처님께 귀의하고 부처님 잘 모시고 사는 것이 첫 번째구나. 그렇다. 부처님을 잘 모시고 사는 것이 업을 맑히는 가장 요긴한 길이다. 어찌 다른 길이 이보다 앞서랴. 부처님 잘 모시고 부처님의 가르침을 잘 받들며 살면 구업을 비롯한 모든 업은 저절로 맑아지게

되고, 부처님께서 지니신 영광과 행복과 청정과 거룩함
을 성취할 수 있게 된다는 가르침을 담아 놓은 것이구
나.'

　실로 부처님 잘 모시고 살고 부처님 잘 받들며 사는
것이 구업을 가장 빨리 맑히는 방법이요 업장소멸과 소
원성취의 지름길이 아니겠습니까?
　이를 꼭 기억하시어 '정구업진언'을 외우고 참된 불자
의 삶을 살아가게 되면, 틀림없이 크게 향상하고 크게
발전하며, 나와 남을 훌륭하게 만드는 불자가 될 것입니
다.

오방내외안위제신진언

　오방내외안위제신진언　五方內外安慰諸神眞言
　나무 사만다 못다남 옴 도로도로 지미 사바하 (3번)

　'오방내외안위제신진언'의 **오방**은 동·서·남·북의 사
방에 중앙을 더한 다섯 방위를 지칭한 단어입니다. 이 오
방 가운데 중앙은 부처님 또는 내가 있는 자리이고, 사

방은 내가 머무르고 있는 집에서부터 사방·팔방·시방으로 펼쳐져 있는 이 고장, 이 나라, 이 지구, 나아가서는 대우주법계 모두를 포함하고 있습니다.

따라서 **오방**은 우리가 속해 있는 모든 공간을, **내외**內外는 나의 안과 밖, **안위**安慰는 안정되고 편안하게 함, **제신**諸神은 모든 신이라는 뜻이므로, **오방내외안위제신진언**은 '**우리 주위의 공간과 안팎을 지키고 있는 모든 신들을 안정되고 편안하게 해주는 진언**'이라는 뜻이 됩니다.

이 세상에는 수많은 신들이 있습니다. 우리 몸에 있는 정신精神을 비롯하여, 천신·지신·수신·산신·목신·삼신 등등 수많은 신들이 모든 곳에 가득합니다.

신은 귀鬼와 다른 존재입니다. 귀는 인간과 생명들을 편치 않게 하지만, 신은 인간과 모든 사물들을 신성하게 만들고 살려내고 지켜주는 존재들입니다. 그렇기 때문에 만물의 영장인 인간들까지 신을 신봉하는 것입니다.

불교에도 불법을 지키고 보호하는 호법신이 수없이 많습니다. 제석·범천을 비롯하여 금강역사·사천왕·팔부신장·십이지신만이 아니라 호법18천天, 39위 화엄신중 등 무수히 많은 신들이 불법을 보호하고 불자들을 지켜줍니다.

이러한 선신들은 불법과 불자만 보호하는 존재가 아닙

니다. 법계의 모든 중생을 지켜주고, 그 중생들이 어려움을 극복할 수 있도록 도와줍니다.

하지만 이러한 선신들도 지칠 때가 있습니다. 인간처럼 힘들 때가 있습니다. 에너지를 보충해야 할 때가 있습니다. 그분들이 힘들 때는 누구를 의지합니까? 누가 편안을 주고 에너지를 보충해 줍니까?

바로 삼계의 대도사이신 부처님과 이 대우주법계 자체가 그 신들에게 힘을 주고, 신들에게 편안함과 안정됨을 심어줍니다. 어떻게? 오방내외안위제신진언을 통하여….

그렇습니다. 오방내외안위제신진언은 대우주법계가 지금 이 자리에서 뭇 생명 있는 이들을 보호해주고 불법을 옹호하는 신들에게 에너지를 주고 편안함과 따스함을 주는 위로의 진언입니다. 이 진언으로 편안함을 얻고 힘을 보충한 신장들은 또다시 인간을 비롯한 법계의 모든 중생을 지키고 불법을 보호하는 일에 최선을 다하는 것입니다.

그러므로 오방내외안위제신진언을 외우는 것은 단순히 신들의 가피를 입고자 하는 중생 욕심의 소치가 아닙니다. 나뿐만이 아니라 모두의 평화와 행복을 위해 외우는 것이 오방내외안위제신진언입니다.

동시에 오방내외안위제신의 진언을 통하여 모든 신들

이 충만된 힘을 갖추어서, 잡귀나 훼방꾼으로부터 경을 읽고 외우는 우리를 잘 지켜주고 보호해 줄 것을 청하는 의미까지 담고 있습니다.

이 진언 **나무 사만다 못다남 옴 도로도로 지미 사바 하**의 **나무**는 나무아미타불이나 나무불 할 때의 '나무'와 같이, '귀의합니다. 의지합니다'로 해석됩니다.

사만다는 '보편普遍·널리·두루'라는 뜻입니다.

못다남의 **못다**는 부처님, 곧 깨달은 이를 뜻하는 '붓다'를 중국음으로 옮기는 과정에서 약간 이상하게 표기된 단어이며, **남**은 '~들'. 곧 복수를 나타내는 접미사입니다.

따라서 **나무 사만다 못다남**은 '어느 곳에나 계시는 모든 부처님, 또는 대우주법계에 충만해 계시는 부처님들께 귀의합니다'로 해석할 수 있습니다.

우리의 상식으로 생각할 때는 '신들이시여, 감사합니다. 평화를 누리소서'라고 해야 신들이 좋아하고 지켜줄 것 같은데, 이 진언에서는 신들을 안위하게 만드는 방법으로 어디에나 두루하신 부처님들께 귀의하는 것을 택하고 있습니다.

오방내외의 모든 신을 위로하고 편안하게 만들고자 하

면서 부처님께 귀의하고 있다는 것이 참으로 재미있지 않습니까?

그러나 이것이 정답입니다. 신들을 안위시키는 최상의 방법은 부처님께 부탁하는 것입니다. 일일이 신들을 찾아다니며 매달리고 사정하는 것은 하수下手입니다. 정구업진언에서와 같이, 불자인 우리는 굳건히 부처님을 잘 모시고 살면 됩니다. 부처님을 잘 모시고 잘 받들며 살면 오방내외제신들만이 아니라, 우리의 오방내외도 저절로 편안해지고 안정이 되는 것입니다.

진언의 다음 구절 **옴 도로도로 지미 사바하**의

옴oṁ은 대우주의 무한한 생명력·진리·불멸의 그 무엇에 귀명歸命하고 공양한다는 뜻으로, 진언들 대부분이 이 '옴'자를 채택하고 있습니다.

예부터 이 '옴'은 매우 신령스러운 주문으로 받들어졌습니다. 생겨나서 유지하다가 소멸되는 세간의 모든 흐름들이 평온하고, 그 흐름들을 넘어선 영원·완성·조화·통일·성취 등의 성스러운 본체가 발현되기를 기원하면서 이 **옴**을 외웠습니다.

실로 이 **옴**에는 지극히 신령한 힘이 깃들어 있다고 하여 인도 및 동양의 성현들은 이 '옴'을 외우고 '옴'을 명상하며 수행하였고, 지금도 그렇게 하고 있습니다. 그리고 '옴'을 외운 물로 병을 치료하기도 하고, 악귀나 두려움의 대상들을 물리칠 때도 이 '옴'을 외웁니다.

이와 같은 다양한 의미와 기능 때문에 '옴'자는 진언들의 맨 앞에 위치하면서 그 진언의 뜻하는 바를 따라 특별한 작용을 나타내게 되는데, 여기에서는 신장들을 안위시키는 작용을 하고 있습니다.

도로도로의 '도로'는 보호한다, 호지護持한다는 뜻으로 '보호하고 또 보호하소서'로 번역할 수 있습니다.

지미는 종자·씨앗입니다. 모든 식물의 근본이 되는 씨앗 속에 그 식물의 뿌리·줄기·꽃·열매·색깔 등이 모두 내포되어 있듯이, 이 '지미'라는 단어 속에는 신들을 위로하는 모든 것이 들어 있습니다.

사바하는 정구업진언에서도 이야기하였듯이 원만·성취·진실의 뜻을 지닌 단어입니다. 그러므로 '꼭 원만하고 진실되게 성취한다'로 풀이하면 됩니다.

따라서 이 진언 전체를 풀이하면 다음과 같습니다.

'모든 부처님께 귀의하옵니다. 신들이시여, 틀림없이
안위를 얻고 힘을 얻어 근본 뜻을 성취하소서.'

대우주법계에 충만되어 있는 부처님께 귀의할 때 모든 신장들이 우리의 일을 돕고 성취시킨다는 가르침을 담고 있는 오방내외안위제신진언.

우리가 부처님께 귀의하여 잘 받들어 모심으로써, 모든 신들이 편안해지고 위로를 받을 뿐 아니라, 신들로 하여금 그들이 해야 할 일을 잘 하면서 천수경을 읽는 우리를 보호하도록 만드는 오방내외안위제신진언. 참으로 격이 높고 단수가 높은 진언이라 하지 않을 수 없습니다.

개경게

개경게　開經偈
무상심심미묘법　無上甚深微妙法
백천만겁난조우　百千萬劫難遭遇
아금문견득수지　我今聞見得受持
원해여래진실의　願解如來眞實義
위없이～　심히 깊은　미묘한 법을
백천만겁　지난들～　어찌 만나리
제가 이제　보고 듣고　받아지니니
부처님의　진실한 뜻　알아지이다

개경게는 '경을 여는 게송'이라는 뜻으로, 천수경의 본 내용을 독송하기 전에, 부처님의 법문을 찬탄하고 우리의 결심을 바치는 게송입니다.

첫 구절인 **무상심심미묘법**無上甚深微妙法은 '**가장 높고 아주 깊고 미묘하기 그지없는 부처님의 법문보다 더 훌륭한 것은 없다**'는 말씀입니다.

그렇습니다. 부처님의 법은 가장 높고 가장 깊고 가장 미묘합니다. 그렇다면 부처님께서 설하신 법문은 하나같이 가장 높고 가장 깊고 가장 묘한 것일까요?

아닙니다. 다른 종교나 철학에서도 가르치고 있는 법문, 사람들을 바른쪽으로 이끌어 들이기 위해 설하신 도덕적인 법문, 낮은 단계에 있는 중생을 높은 경지로 끌어올리기 위해 방편으로 설한 법문 등은 가장 높고 깊고 묘한 무상심심미묘법문이 아닙니다.

그렇다면 오직 부처님만이 설하신 무상심심미묘법문은 무엇인가? 그 답은 보리수 아래에서 위없는 바른 깨달음인 무상정등정각無上正等正覺을 이룬 다음 처음으로 터뜨린 부처님의 감탄 속에 잘 나타나 있습니다.

아, 기특하구나. 모든 중생이 다 이와 같은 지혜와 덕상德相을 갖추었건만, 번뇌망상에 사로잡혀 스스로 체득하지 못하는구나. 만약 이 번뇌망상에 대한 집착만 여읜다면 무상정등정각을 얻게 되는 것을!

이 감탄 속에 깃든 가르침이 무엇일까요?

우리 모두가 부처님이 될 수 있다는 것입니다. 다시 한 번 풀어 봅시다.

'모든 중생이 다 나와 다를 바 없는 지혜와 덕상을 갖추고 있다. 곧 모두가 본래 부처인 것이다. 그런데 스스로가 불러일으킨 번뇌가 그 부처를 덮기 때문에 중생으로 살고 있다. 그러므로 번뇌망상에 대한 집착만 떠나게 되면 가장 높고 가장 평등하고 가장 바른 깨달음을 얻어 부처를 이룰 수 있다.'

이를 더 간략히 요약하면 '중생이 부처된다'는 것으로, 이것이 오직 불교에만 있는 무상심심미묘법문입니다. 그리하여 부처님께서는 45년을 하루같이 중생을 부처로 변화시키는 법문을 설하셨습니다.

단순히 중생의 욕심을 채워주거나 겁을 주는 법문이 아니라, 중생을 부처님 밑에 두고 부리는 법문이 아니라, 중생을 부처님 되게 하는 법문을 설하셨습니다. 그리고 '부처님의 지혜와 덕상을 갖추고 있는 중생 속의 그 무엇'을 불성佛性이라 칭하시고, 불성을 개발하는 법, 부처가 되게 하는 법을 널리널리 피력하셨습니다.

우리 중생은 죄악의 존재가 아닙니다. 업만으로 사는 존재가 아닙니다. 모든 중생은 불성을 지니고 있으며, 중생의 본성은 부처님입니다. 그러므로 우리가 본래 부처임을 자각하고 부처님 쪽을 향해 나아가게 되면, 죄악도 업도 우리를 어떻게 하지 못합니다.

우리가 번뇌망상에 사로잡히고 탐진치의 삼독에 중독되어 나락으로 떨어져 내려가다가도, 한순간 본래부처임을 자각하여 부처님 되는 길로 돌아서게 되면, 구름이 흩어지듯 모든 허물과 괴로움들이 사라지면서, 밝고 바르고 행복한 앞길이 열립니다.

부처님 되는 길로 들어서는 그 순간, 쌓인 업도 죄악도 모두 뒤로 물러섭니다. 불성이 빛을 발하여 죄업과 번뇌의 어두움을 없애주고 우리를 지켜줍니다.

그러므로 중요한 것은 나에게 불성이 있음을, 내가 부처의 본성을 지니고 있음을 확실히 믿는 것, 부처가 될수 있음을 확신하는 것입니다. 그리고 스스로 불성을 발현시키며 살면 됩니다.

오직 부처님만이 설하신 무상심심의 불성에 관한 법문과 우리를 부처님 되게 하는 미묘법문. 이 법문은 참으로 만나기 어렵습니다. 그리고 수많은 불자들 중에서 진실로 불성을 개발하며 살고, 깊은 자비심으로 사는 이가 얼마나 되겠습니까?

그래서 개경게는 **백천만겁난조우**百千萬劫難遭遇라고 표현하였습니다. 백천만겁의 오랜 세월을 보내어도 부처님의 최상법문은 만나기 어렵다는 말씀입니다.

어느 정도 어려운가? 눈먼 거북이가 망망대해에서 우연히 나무를 만나는 것과 같다고 하여 '**맹구우목**盲龜遇木'이라는 표현을 씁니다.

바닷속에 사는 눈먼 거북이가 어쩌다 한 번씩 숨을 쉬려고 수면 위로 떠오르는데, 마침 그때에 나무토막 하나를 만납니다. 그것도 중간에 구멍이 뚫려 있는 널빤지인데, 눈먼 거북이가 그 널빤지 구멍 속으로 머리를 넣을 수 있겠습니까? 만약 머리를 넣을 수 있다면 한동안 정말 편히 쉴 수 있는데….

이처럼 인간의 몸을 받아 부처님의 위없는 법을 만나고 깨달음을 얻기가 어렵다는 비유입니다.

내가 본래 부처라는 가르침, 늘 불성을 돌아보고 깊은 자비행을 실천하여 꼭 부처가 되라는 가르침은 정말 접하기 어렵습니다.

아니 접하기 어렵다기보다는, 늘 이기적으로 살고 탐욕

과 분노와 어리석음·교만·의심·고집 등에 휩싸여 살기 때문에, 다가와도 보지 못하고 듣지 못하고 느끼지 못하는 것입니다. 그러니 어찌 백천만겁난조우가 아니겠습니까?

하지만 지금도 결코 늦지 않았습니다. 지금부터 보고 듣고 느끼고자 하면 불성이 보고 듣고 느끼게 해줍니다. 그러니 외치십시오.

아금문견득수지 我今聞見得受持

'제가 이제 보고 듣고 지니오리다'라고.

이렇게 거듭거듭 외치게 되면 불성의 광명이 발현되어 우리를 부처님 되는 길로 인도합니다. 특히 나와 남을 함께 살리는 자비의 법문인 천수경과 함께하면, 지극히 행복하고 평화롭고 밝고 맑은 마음의 고향으로 돌아가서, 누구보다 빨리 무상심심미묘법을 성취할 수 있게 되고, 부처님의 진실한 뜻을 깨칠 수 있게 됩니다.

그러므로 우리는 늘 발원해야 합니다.

원해여래진실의 願解如來眞實義

'부처님의 진실한 뜻 깨닫겠나이다'라고.

지금의 우리로서는 부처님의 진실한 뜻이 무엇인지를

알 수가 없습니다. 하지만 천수경을 읽고 부처님의 가르침을 공부하면서 본래 부처임을 자각하고, 불성을 발현시켜 깊은 자비심으로 살게 되면, 부처님께서 이 세상에 오신 진정한 뜻과 부처님의 무상심심한 자비심을 깨달을 수 있게 됩니다. '아, 바로 이것이구나.' 하며 깨닫게 됩니다.

당부 드리오니, 우리도 이제 그만 흘러다닙시다. 육도윤회의 덧없고 괴로운 삶을 그만 멈춥시다. 탐욕과 분노와 어리석음에 깊이 빠진 유전流轉과 타락의 삶을 그만두고, 대평화·대행복이 가득한 불성의 자리, 부처님의 자비로 되돌아가는 환멸還滅의 배에 몸을 실어야 합니다.

이제까지 우리가 살펴본 개경게를 한마디로 요약하면, '인생무상人生無常을 자각하여 위없는 깨달음을 이루겠다는 발심〔無上發心〕을 하고 위없는 법문〔無上法門〕을 배워 위없는 바른 깨달음〔無上正覺〕을 이루자'는 것입니다.

바로 이를 실천하는 것이 개경게에 깃든 가르침임을 꼭 기억하시기 바랍니다.

개법장진언

개법장진언 開法藏眞言
옴 아라남 아라다 (3번)

개법장진언은 **법장을 여는 진언**이며, **법장**法藏은 법을 담아 간직하고 있는 보물창고입니다. 곧 부처의 불성 속에 간직되어 있는 진리, 이 우주에 가득차 있는 진리를 달리 표현한 말입니다.

이 법장을 열고자 하면 무엇보다 먼저 밖으로 향하며 살던 삶을 거두어들여야 합니다. 탐·진·치심을 따라 부산히 움직이던 것을 멈추고, 구하던 것을 내려놓고, 집착하던 것들을 비우면서, 내가 간직하고 있는 불성의 보물창고를 여는 데 관심을 기울이고, 불성의 작용인 자비와 지혜를 발현시키며 살아가야 합니다.

탐·진·치심으로 바깥을 좇아가지 않고, 참마음인 불성을 돌아보며 살면 저절로 **개법장**이 됩니다. 법장이 조금씩 열리면 바람소리가 제대로 들리고 들꽃이 그렇게 아름답게 보일 수가 없습니다. 흘러가는 물이 설하는 이야기들도 차츰 들리게 됩니다. 이것이 개법장입니다.

만물의 진정한 속삭임, 모든 중생의 움직임을 번뇌 없

는 마음으로 받아들일 수 있는 그때가 개법장의 시절이
요, 조용히 '관세음보살'을 염하고 명상하고 선정에 잠겨
있는 그때가 개법장의 시간입니다.

더 나아가 내 진실한 마음인 불성에 의지하여 정성껏
『천수경』을 쓰고 외우는 것이야말로 진정한 개법장이라
하지 않을 수 없습니다.

하지만 중생들은 한마음으로 천수경을 읽고 쓰기가 힘
이 듭니다. 오로지 집중하기가 쉽지 않고, 그 속에 깃든
의미를 남김없이 받아들이기가 쉽지 않습니다.

그래서 천수경에서는 중생계와 허공계와 불보살계에
두루 통하는 개법장의 진실한 언어인 **옴 아라남 아라다**
를 먼저 외워 일체 중생에게 무상심심미묘법을 요달하는
에너지를 불어넣어주려는 것입니다. 이 진언을 간략히 살
펴봅시다.

옴은 자비·지혜·평화·행복·해탈 등의 모든 좋은 에너
지를 끌어당기는 주문입니다. 여기에서는 '법장'을 열어
주는 에너지로 생각하면 됩니다.

아라남은 '무쟁無諍'으로 풀이하는데, 모든 다툼을 떠
난 깊은 법으로 해석하는 것이 합당합니다.

아라다는 '현전하여지이다. 드러나지이다'입니다.

따라서 **옴 아라남 아라다**는 다음과 같이 풀이하는 것이 적합할 것입니다.

　'일체의 다툼이 없는 높고 깊고 미묘한 무상심심미묘법을 남김없이 드러나게 하여지이다.'
　'부처님의 진실한 뜻 모두 다 얻게 하여지이다.'

우리가 개법장진언 '옴 아라남 아라다'를 외우는 까닭은, 이 몸이 바라는 바를 좇고 방황하는 나의 번뇌망상을 좇으면서 살겠다는 것이 아닙니다.

내 속의 참된 나를 찾고 불성을 발현시키겠다는 맹세입니다. 불성의 문을 열어 부처님의 밝고 바른 법대로 살겠다는 기원입니다. 내 속에 간직되어 있는 여래장如來藏(불성과 같은 뜻임), 곧 여래의 보배창고를 열겠다는 것, 부처님 잘 모시고 부처님 법 잘 받들면서 나도 부처님의 자리로 부처님 쪽으로 나아가겠다는 맹세가 '개법장진언'입니다.

무쟁無諍의 뜻을 지닌 **아라남**.

우리가 기도하고 염불하고 경을 읽고 참선할 때의 그 마음에는 다툼이 없습니다. 다툼이 없기에 고요합니다. 평화롭습니다. 바로 이 무쟁의 마음이 운명을 바꾸는

'개법장진언'입니다.

그리고 일상생활 속에서 남을 염려하고 살리고자 하는 이타利他의 마음, 자비의 마음을 발할 때가 법장을 열고 불성·여래장을 여는 때입니다.

만약 우리가 '나만 잘 살고, 내 아이들과 내 가족만은 잘되고 편해야 한다'는 생각에 집착하게 되면, 우리의 삶은 암흑과 불행 속으로 빠져들게 됩니다.

그와는 반대로 나도 살리고 남도 살리는 자리이타의 삶을 살겠다는 마음을 자꾸 발하게 되면, 대우주법계에 가득한 진리가 다가오고, 내 깊은 내면에 있는 대행복의 창고요 큰 사랑과 큰 광명을 품은 여래장·불성의 창고가 열리게 되는 것입니다.

두 손 모아 청하오니, 늘 불법과 함께하면서, 열린 마음·살리는 마음·자연과 함께하는 마음으로 살아갑시다. 이렇게 나의 법장을 열면서 살아가는 것이 나의 진정한 자유를 찾는 길이요, 불성을 표현하는 길이며, 부처님의 위없는 법을 깨닫는 길입니다.

아울러 부지런히 『천수경』 등의 경전을 수지하십시오. 『천수경』 등의 경전 속에는 불보살님의 위신력이 충만되어 있습니다. 그 누구든 관세음보살님을 생각하고 천수경을 읽고 쓰면서 환희로움과 감사함을 느끼게 되면, 이 기쁨과 감사가 기도성취의 주춧돌이 됩니다.

그리고 기쁨과 감사의 마음이 가득해지면 나의 앞이 밝은 등불을 켠 것처럼 밝아지고 앞으로 나아가는 나의 발걸음에 걸림이 없게 되는 것이니, 이것이 곧 기도성취입니다.

내 속에 있는 법장, 불성이라는 보배창고를 열면 행복·기쁨·자유·평화·청정 등의 보배들 모두가 내 것이 되고 내 마음대로 쓸 수 있게 됩니다.

부디 잘 생각하고 잘 실천하시어, 내 속에 있는 법장을 활짝 여는 불자가 되시기를 간곡히 축원드립니다.

나무 광대원만 무애대비 관세음보살.

제2장

천수경의 중심 내용

관세음보살님께 청하옵니다

천수경의 갖춘 제목

　　천수천안 관자재보살　千手千眼 觀自在菩薩
　　광대원만 무애대비심　廣大圓滿 無碍大悲心
　　대다라니 계청　　　　大陀羅尼 啓請
　　천수천안　관음보살　광대하고　원만하며
　　걸림없는　대비심의　다라니를　청하옵니다

　앞에서 살펴본 '정구업진언'부터 '개법장진언'까지는 천수경을 여는 서막이었고, 이제부터 천수경이 본격적으로 시작됩니다. 곧 **'천수천안 관자재보살 광대원만 무애대비심 대다라니경'**이 천수경의 갖춘 이름이요 원래의 제목이기 때문에, 이 구절부터 천수경이 시작된다고 보는 것이 옳습니다. 이 원래의 제목을 상세히 풀이해 봅시다.
　천수천안 관자재보살의 관자재보살은 관세음보살

의 다른 이름입니다. 관자재보살의 '관자재'는 범어 아
바로키테슈바라Avalokiteśvāra를 의역意譯한 이름입니
다. 이 아바로키테슈바라는 '관觀'을 뜻하는 아바로키타
Avalokita와 '자재自在'를 뜻하는 이슈바라iśvāra가 합해져
서 이루어진 이름입니다.

더 엄밀히 분류하면 아바로키타의 아바는 '본다'는 뜻
이요, 로키타는 '세상을'이라는 뜻이므로, 아바로키테슈
바라는 '온 세상을 자유자재하게 보는 분'이 됩니다. 따
라서 원래의 뜻을 살리면 '관자재觀自在'로 번역되는 것이
마땅합니다.

그런데 대역경승인 구마라집鳩摩羅什(344~413) 삼장은 법
화경 관세음보살보문품을 한역할 때, 아바로키테슈바라
를 '관세음觀世音'으로 번역하였습니다. 왜 구마라집 삼장
은 '관자재'라 하지 않고 '관세음'으로 번역을 하였을까
요?

구마라집 삼장께서 관세음보살보문품의 근본정신인
중생구제의 측면에 보다 가깝도록 하기 위해 '관세음觀世
音'으로 번역하였다는 견해가 많습니다.

곧, 관세음보살보문품의 "보살이 즉시 '그 음성을 관
하여(觀其音聲)' 모두에게 해탈을 얻게 한다"는 말씀에 근
거하여 관세음으로 번역하였다는 것입니다.

따라서 '관세음'은 중생을 제도하는 자비慈悲의 측면을 강조한 번역이고, '관자재'는 스스로가 증득해야 할 지혜, 곧 반야般若의 측면을 강조한 번역이라고 이해하면 됩니다.

자비와 지혜를 함께 갖춘 관세음보살님은 손이 천 개요 눈이 천 개〔千手千眼〕라고 하였습니다. 이 천수천안은 우리가 살고 있는 대우주법계에 관세음보살님이 가득하다는 것을 간접적으로 나타낸 단어입니다.

앞에서 이미 살펴보았듯이, 온 우주 속의 중생을 구제하고자 하는 대원력과 대자비심, 곧 광대원만무애대비심이 가득하기 때문에 천수千手를 갖추게 된 것이고, 괴로움에 빠진 중생을 관하기 때문에 천안千眼을 갖추게 된 것입니다.

광대원만 무애대비심의 광대원만廣大圓滿은 넓고 크고 원만하다는 뜻입니다. 바다처럼 넓고 허공처럼 클 뿐 아니라, 다툼도 모자람도 없이 원만한 것이 무엇입니까? 바로 우리가 지닌 근본 마음〔心〕입니다. 우리가 가진 근본 불성입니다. 이 근본 마음을 활짝 열면 광대원만무애대비심이 샘솟습니다. 언제 어디에서나 걸림이 없는 대자비심이 가득하여지고, '천수천안 관자재보살'이 됩니다.

걸림 없는 무애대비심. 우리의 근본 불성자리에서 우러나오는 사랑은 조건을 따지는 사랑이 아니라 조건 없는 사랑입니다. 주고받는 사랑이 아니라 마냥 베푸는 조건 없는 사랑이기에 걸릴 것이 없습니다.

조건 없는 사랑은 허공처럼 걸림이 없기 때문에 '우리'만이 아니라 모든 중생과 함께 공유할 수 있고, 모두를 두루 살릴 수 있습니다. 그리고 조건 없는 사랑이라야 고난을 행복으로, 불안을 평화로 변화시킬 수 있고, 부족함을 완전함으로, 미완성을 완성으로 성숙시킬 수 있습니다.

반대로 사랑에 조건이 붙어 버리면 그 사랑은 장애가 되어 버립니다. 행복·평화·완성은커녕 될 것도 되지 않습니다.

한 가지 예를 들겠습니다. 부모들은 사랑의 이름으로 자녀들에게 잔소리를 합니다. '이렇게 해라, 저렇게 해라, 그렇게 하면 안 된다' 등등, 하지만 이 잔소리가 사랑이 아니라 '조건'이라는 것을 부모들은 잘 알아차리지 못합니다. 오로지 자식을 위해서가 아니라, 자식이 내 마음에 거슬리고 만족스럽지 못하기 때문에 뿜어내는 분노가 잔소리라는 것을 깨닫지 못합니다.

영민한 아이들은 이를 당장에 알아차립니다. 자식인

'너'를 위해서가 아니라 부모인 '나'를 위해서라는 것을 알아차리고는, 부모에게 반발하고 벽을 만들고 대화를 거부합니다.

부모로서 자녀를 가장 잘 사랑해주는 방법은 조건 없는 사랑으로 늘 지켜보면서, 언제든지 도울 준비가 되어 있다는 확신만을 심어주는 것입니다.

가장 피해야 할 것은 잔소리입니다. 도와줄 것을 부탁하지도 않았는데 부모의 의무라며 잔소리를 합니다. 그 잔소리가 길어지면 반드시 걸림이 생긴다는 것을 부모님들은 잘 알고 있을 것입니다.

만약 현재의 '나'가 이기적인 사랑 속에서 살고 있다면, 한번 크게 마음을 돌려 조건 없는 사랑으로 바꾸어 보십시오. 조건 없는 사랑으로 바꾸면 부모·자식·남편·아내·형제·자매만이 아니라, 다른 사람과 자연까지도 행복과 평화와 향상과 완성의 과정으로 바뀔 것입니다.

그러나 이기적인 사랑을 조건 없는 무애대비심으로 바꾸기가 어찌 쉬운 일이겠습니까? 부단한 노력과 반성과 참회가 뒤따라야만 합니다.

'몇 번 시도를 했지만 잘 안 되더라' 하면서 포기하지 마십시오. 지금은 비록 잘되지 않을지라도 끊임없이 조건 없는 사랑을 연습하면 차츰 '광대원만 무애대비심'을 갖출 수 있게 되고, 주변 또한 그지없이 평화롭고 행복하고 원만·성취·진실하게 바뀌어 갑니다.

청하옵건대 조건 없는 사랑을 베풀며 살아 보십시오. 우리가 가진 불성 창고의 문이 저절로 열리면서 그 속에 있던 무애대비가 발현되어, 모든 어려움을 극복하고 관세음보살님의 광대원만한 경지와 가까워지게 됩니다.

대다라니는 이 천수경의 중심 부분에 나오는 '신묘장구대다라니'를 지칭하는 것입니다. 이 다라니는 광대원만하고 걸림 없는 힘을 지니고 있습니다. 관세음보살님의 모든 원력과 지혜와 자비와 가피력이 모두 간직되어 있습니다. 그래서 총지總持(다 지니고 있음)로 번역되는 '**다라니**'라 하였고, 그 능력이 매우 크다고 하여 '**대**大'를 붙인 것입니다.

계청啓請은 '대다라니를 열기를 청한다'는 뜻입니다.

이상의 경 제목에 이어 천수경의 본문이 시작되는데, 그 시작은 관세음보살님의 공덕을 칭송하는 16구절의 게송으로 장식되어 있습니다. 이들을 4구절씩 나누어 풀어 보겠습니다.

넓고 깊은 원력으로

계수관음대비주 稽首觀音大悲呪
원력홍심상호신 願力弘深相好身
천비장엄보호지 千臂莊嚴普護持
천안광명변관조 千眼光明遍觀照

이 게송을 한 구절씩 살펴봅시다.

계수관음대비주 稽首觀音大悲呪
자비로운 관세음께 절하옵나니

이 게송은 관세음보살의 거룩한 다라니에 절할 것을 먼저 요구하고 있습니다.

절은 스스로를 낮추는 예법입니다. 특히 머리를 땅바닥에 대고 절을 하는 것은 '나를 가장 아래에 두는' 하심 下心의 극치입니다.

교만한 마음, 잘난 마음으로는 가피를 기대할 수 없습니다. 왜? 이기심으로 마음의 문을 닫고 있기 때문에 가피를 주고 싶어도 줄 수가 없습니다.

반대로 머리를 조아리고 하심을 하면 어떻게 됩니까? 마음의 문이 열리면서 소통이 시작되고, 가피를 입어 괴로움을 해탈하고 행복과 자유와 평화를 만끽할 수 있습니다.

만약 우리가 제 잘난 체하면서 탐욕과 분노와 이기적인 삶을 살고 의심과 고집을 부리며 살아간다면, 고통과 불행이 물러가겠습니까?

고통과 불행의 인因을 내려놓지 못하면 아무리 피하려해도 고통과 불행의 길을 벗어날 수가 없고, 고통과 불행의 인을 짓지 않았다면 다가오라고 애원을 하여도 찾아오지 않는 것이 고통과 불행입니다.

그러므로 잘 다스리고 소중히 해야 할 것은 관세음보살님께 귀의하고, 늘 하심을 하면서 탐진치의 삼독심과 교만·의심·고집 등에 빠지지 않고 살아가는 것입니다. 그리고 이렇게 살아가면 늘 복과 좋은 에너지를 모여들게 만드는 '계수관음대비주'는 저절로 이루어집니다.

원력홍심상호신　願力弘深相好身
크신 원력　원만상호　갖추시옵고

인간은 누구나 원願이 있기 마련입니다. 바라는 바의 원이 있음은 중생에게나 보살에게나 다를 바가 없습니다. 그러나 중생의 원과 보살의 원에는 엄청난 차이가 있으며, 그 갈림길은 '나'에서 비롯됩니다.

중생은 나의 욕심을 충족시키기 위한 자기중심적인 원을 세우지만, 보살은 나와 남을 한몸으로 보고 함께 위하는 자리이타自利利他의 원을 세웁니다. 그리고 본래 무아無我임을 완전히 체득한 대보살님들은 오로지 남을 위하는 대아적인 원을 세우는데, 이를 불교에서는 홍원弘願이라고 합니다.

관세음보살님께서는 오로지 중생들만을 위한 대자비의 원을 발하였고, 오랜 수행 끝에 그 원을 걸림 없이 펼칠 수 있는 힘[力]을 갖추었습니다. 그래서 관세음보살의 **원력을 넓고 깊다**[弘深]고 하는 것입니다.

그리고 관세음보살님의 마음은 중생을 고통에서 구하고 중생을 해탈의 길로 이끄는 중생제도의 넓고 깊은 원력으로 가득차 있기 때문에 한 점의 욕심도 들어 있을 수 없습니다. 이렇게 마음속에 한 점의 욕심도 없으면 모습이 편안하고 원만하기 마련이며, 그러한 분에게는 부처님처럼 32상相 80종호種好가 저절로 갖추어지게 되기 때문에 '**상호신**相好身**을 갖추었다**'고 한 것입니다.

우리가 관세음보살님을 닮고 그분 같은 능력과 상호를 갖추기를 원한다면, 삶에 대한 '나'의 자세부터 바꾸어야 합니다. 최소한 남이 내 마음에 들고 남이 내 마음대로 되기를 바라지는 않아야 합니다. 만약 남이 내 마음대로 되기를 바란다면, 먼저 내가 나를 내 마음대로 하는 법부터 터득해야 합니다.

그러나 이 또한 마찬가지입니다. 남이 내 마음에 맞기를 바라는 것이 아니라, '내가 다른 이에게 얼마나 잘 맞추어 주고 있는지'를 점검하면서 스스로를 돌아보며 살게 되면, 내가 능히 내 마음을 이길 수 있게 됩니다. 그리고 이것이 **원력홍심상호신**을 이루는 근본이라는 것을 잊지 마시기 바랍니다.

천비장엄보호지 千臂莊嚴普護持
천 손으로 중생들을 거두시오며

1천 개의 팔을 뜻하는 천비千臂는 천수千手와 같은 말입니다. 관세음보살님께서는 천 개의 팔과 천 개의 손을 갖추었지만, 우리는 두 개의 팔과 두 개의 손을 갖추고 있습니다. 이 두 개의 팔로써 우리는 좋은 일을 할 수도 있고, 남을 해치거나 피해를 줄 수도 있습니다.

나의 팔을 훌륭한 팔, 쓸모 있는 팔, 남을 살리는 팔로 가꾸느냐, 모두가 두려워하고 피해를 주는 팔로 만드느냐는 각자의 마음가짐에 달려 있습니다. 곧 우리의 원이 어디로 향하고 있느냐에 달려 있는 것입니다.

그렇다면 관세음보살님은 어떠한가? 관세음보살님은

넓고 깊은 중생제도의 원을 품고 계시기 때문에, 그 팔 또한 언제나 중생제도를 위해 사용합니다. 그리고 두 개의 팔로는 당신을 찾는 중생 모두를 감싸 안을 수 없기 때문에 원래의 두 팔이 무수함을 상징하는 천 개로 바뀌었고, 그 천 개의 팔로써 중생을 '**두루 보호하고 감싸주시는 것**〔普護持〕'입니다.

천안광명변관조 千眼光明遍觀照
천 눈으로 광명 비춰 두루 살피네

천안광명변관조를 조금 더 자세히 번역하면 '천 개의 눈으로 두루 관찰하여 광명을 비추어주신다'가 됩니다.

관세음보살님께서는 지금 이 순간에 한 중생도 포기함이 없이 천 개의 눈으로 이 사바세계를 관찰하시고, 필요한 이들에게 광명을 비추어주고 계십니다. 업장 때문에 굳게 닫힌 문, 이기심 때문에 굳게 닫힌 마음의 문을 향해 끊임없이 광명을 비추어서 그 문이 열리기만을 기다리고 계십니다.

그렇다면 지금 우리의 할 일은 무엇입니까? 대비주에 의지하여 닫혀진 문을 열기만 하면 됩니다. 관세음보살님의 대자비광명이 언제나 가득하다는 것을 깨닫고 내가 걸어 닫은 문을 열기만 하면 행복과 자비광명은 저절로 깃들게 됩니다.

관세음보살님과 대비주를 굳게 믿으십시오. 흔들림 없는 신심으로 의심 없이 기도하십시오. 틀림없이 관세음보살님의 자비광명이 나를 비추어 원을 성취하게 될 뿐아니라, 기적과 같은 체험도 능히 할 수 있게 됩니다.

무위심으로 행하는 자비

진실어중선밀어   眞實語中宣密語
무위심내기비심   無爲心內起悲心
속령만족제희구   速令滿足諸希求
영사멸제제죄업   永使滅除諸罪業

진실어중선밀어   眞實語中宣密語
진실하온 말씀 중에 다라니 펴고

진실어眞實語와 진실.

과연 진실이 무엇입니까? 진실은 참됨이요 있는 그대로입니다. 따라서 우리가 티끌 없는 마음이 되면 진실과계합할 수 있습니다. 하지만 미혹한 중생은 진실을 보기가 힘이 듭니다. 미혹으로 인해 참모습이 가리어졌기 때문입니다. 따라서 미혹한 중생이 '나' 스스로를 위해 내뱉는 말들은 이미 진실어라 할 수가 없습니다.

그렇다면 진실어는 어디에 있는가? 오히려 진실어는 '나'를 비운 그 자리에 있고 언어의 길이 끊어진 거기에 있습니다. 따라서 '나'와 언어의 굴레 속에 갇혀 살아가고 있는 우리로서는 진실어를 듣기가 쉽지 않습니다. 지금 이 자리에 진실어가 가득하지만, 귀가 먹은 듯이 듣지를 못합니다.

그래서 부처님과 관세음보살님께서는 말 한마디에 사로잡히고 나의 생각에 집착하는 우리를 위해, 우리의 능력으로는 알아들을 수 없는 **비밀스런 말씀**〔密語〕인 대다라니를 설하시어 진실의 자리로 인도하고자 하신 것이며, 이것이 **진실어중선밀어**의 뜻입니다.

　　무위심내기비심　無爲心內起悲心

　　함이 없는　마음 중에　자비심 내어

이 구절에서 이해하기 힘든 단어는 **무위심**無爲心입니다.

무위심은 '함이 없는 마음'입니다. 분명히 마음으로 무엇인가를 하고 있는데, 하는 것이 없는 마음이라고 하니 쉽게 이해가 가지 않습니다.

이 무위심의 반대말은 유위심有爲心이며, 유위심은 함이

있는 마음입니다. 그럼 **유위심과 무위심의 다른 점**은 무엇일까요?

가령 하나의 선행을 베풀었다고 합시다. 선행을 하고 나서 '내가 누구에게 어떠한 선행을 베풀었다'고 생각하면 유위심이요, 선행을 베풀고 나서 '나와 상대와 행한 선행'에 대한 집착이 없으면 무위심입니다.

그럼 유위심과 무위심의 결과는 어떻게 다른가? 유위심으로 행하면 유위복(유한의 복)을 받게 되지만, 무위심으로 행하면 대우주법계의 공덕과 한몸이 되어 무위복(무한의 복)을 창출하게 됩니다.

관세음보살님께서는 이러한 무위심으로 중생들을 사랑합니다. 베풀고도 보답을 바라지 않고, 구제를 하고도 구제하였다는 생각조차 없는 무조건적인 자비를 베푸는 것입니다.

이와 같은 것이 **무위심내기비심**, 곧 무위심 속의 자비심이며, 진정한 자비는 이러한 것입니다. 그러므로 우리는 무위심을 익히지 않으면 안 됩니다.

조금 더 무위심에 대해 이야기하겠습니다.

무위심은 집착이 없는 마음입니다. 지금 이 순간에 충실할 뿐, 뒤가 없는 마음입니다.

'해주었다.'

'해주었는데도 왜 저럴까?'

'해주었으니 돌아오는 것이 있겠지.'

하는 등의 집착이 없는 마음입니다.

마치 태양과 같고 봄바람과 같고 비와 같은 것이 무위심입니다.

태양이 온 세상을 비출 때를 생각해 보십시오. 태양은 높은 산과 깊은 골, 정원과 들판, 생물과 무생물을 구별하여 빛을 비추지 않습니다. 마냥 빛을 뿜어 산에도 골에도, 사람·동물·나무·풀·바위·흙 할 것 없이 만물을 평등하게 비추어줍니다.

비 또한 마찬가지입니다. 큰 나무·작은 나무, 약초·잡초, 바위·흙 가릴 것 없이 비를 내려, 모두를 씻어주고 모두가 성장할 수 있게끔 도와줍니다.

봄바람은 어떻습니까? 봄이 되어 봄바람이 불면 얼었던 대지가 풀리고, 나무들이 싹을 틔워 꽃을 피우고 성장을 시작합니다. 봄바람의 혜택으로 만물이 소생하는 것입니다. 그러나 봄바람은 집착이 없습니다.

'단풍나무는 잘생겼으니 빨리 자라도록 해주자. 진달래꽃은 예쁘니까 바람을 많이 주고, 개나리는 미우니까 바람을 주지 말아야지.'

이와 같은 분별이 봄바람에게 있습니까? 아닙니다. 봄

꽃들을 피웠다며 자랑도 하지 않습니다. 오직 봄바람은 바람을 주는 것으로 만족하며, 불고 지나가면 지나간 자리로 돌아오지 않습니다.

태양·비·봄바람의 사랑. 이것이 바로 집착함이 없는 무위의 사랑이요 조건 없는 사랑이며, **무위심내기비심입** 니다.

관세음보살님을 조금씩 닮고자 하는 우리는 이 무위심 내기비심을 조금씩 실천하며 살아야 합니다. 적어도 우리의 가족에게만이라도 이 사랑을 베풀어 보십시오. 집안 분위기가 금방 달라집니다.

우리가 태양이 되고 비가 되고 봄바람이 되어 집안을 비춰주고 적셔주고 포근하게 만들면, 아들은 아들대로 딸은 딸대로, 남편은 남편대로 아내는 아내대로, 그 무위의 사랑 속에서 각자의 그릇 따라 깨어나고 살아나고 살려갑니다.

실로 집착 없는 무위심으로 사랑을 하면 변화를 가장 빨리 이루어 냅니다. 어떻게? 다음 구절에 답이 있습니다.

속령만족제희구　速令滿足諸希求
영사멸제제죄업　永使滅除諸罪業
온갖 소원 지체 없이 이뤄주시고

모든 죄업 길이길이 없애주시네

희구希求는 우리 중생들이 구하는 바인 소원입니다. 태양 같고 단비 같고 봄바람 같은 관세음보살님께서는 무한하고 함이 없는 자비심으로 우리의 소원을 속히 성취시켜주시고 만족시켜주시며, 죄업까지도 모두 소멸시켜주십니다.

달리 말하면, 관세음보살님의 광대원만 무애대비심을 비밀의 언어로 적어 놓은 신묘장구대다라니를 외우면 소원성취는 물론이요 죄업까지 모두 소멸된다는 것입니다.

중생은 뜻과 같이 살지를 못합니다. 바라는 바대로 살지를 못합니다. 왜 뜻과 같이 살지를 못하고 바라는 바대로 살지를 못하는가? 그 까닭은 죄업 때문입니다. 나쁜 업이 나를 얽어매고 있기 때문입니다.

그런데 이 죄업의 근본을 돌아보면 외부에서 온 것도 특별한 것도 아닙니다. 시작을 알 수 없는 옛적부터 나 스스로가 일으킨 삼독심三毒心, 곧 탐욕과 분노와 삿된 마음 때문에 무수한 죄업이 생겨난 것입니다.

그러므로 뜻과 같이 이루고 바라는 바대로 살고자 하면 죄업을 녹여야 하고, 삼독심을 다스릴 줄 알아야 합니다. 욕심내고 화를 내고 삿된 생각에 빠지는 나를 이겨내고 나의 마음을 가라앉혀야 합니다. 이렇게 하면 업장이 차츰 소멸되고, 마침내는 '속령만족제희구 영사멸 제제죄업'이 됩니다.

하지만 삼독심이 끊임없이 일어나는 우리로서는 삼독심을 비우기가 결코 쉬운 일이 아닙니다. 그러므로 무애대비심을 지닌 관세음보살님께 귀의하고 광대원만한 신묘장구대다라니를 염송하면서 죄업을 소멸시켜 나가야 한다는 것입니다.

물론 신묘장구대다라니를 한번 보고 듣고 읽고 새긴다고 하여 삼독심을 비롯한 모든 업장이 녹아내리지는 않습니다. 거듭거듭 독송하고 뜻을 새기다가, 문득 대자대비하신 관세음보살님의 무위심無爲心 속으로 빠져들 때 참된 참회가 이루어지고 모든 죄업이 녹아내리게 됩니다.

이제 천수경과 함께 관세음보살님의 자비 속으로 들어가 보십시오. 그냥 관세음보살님의 자비광명 속으로 걸어 들어가 보십시오.

관세음보살님의 광대원만 무애대비심을 생각하면서, 천수천안 관세음보살님의 모습을 떠올리면서, 비밀스럽지만 진실한 언어인 신묘장구대다라니를 외우면서, 그리고 태양 같고 봄바람 같은 무위심으로 자비를 실천해 나가면서, 관세음보살님의 품속으로 걸어 들어가 보십시오.

틀림없이, 뜻하는 바 소원들을 다 성취하고, 죄업들을 힘듦 없이 벗어버려서, 이 다음의 구절 같은 가피를 저절로 입게 됩니다.

삼매 속의 광명과 신통

천룡중성동자호　天龍衆聖同慈護
백천삼매돈훈수　百千三昧頓熏修
수지신시광명당　受持身是光明幢
수지심시신통장　受持心是神通藏

천룡중성동자호　天龍衆聖同慈護
백천삼매돈훈수　百千三昧頓熏修
천룡들과　성현들이　옹호하시고
백천삼매　한순간에　이루어지니

신묘장구대다라니를 염송할 때 얻게 되는 가피!

신묘장구대다라니를 외우거나 쓰면서 기도하면 천수천안관세음보살님만 감응을 하는 것이 아닙니다. 『무애대비심다라니경』에서 관세음보살님은 설하셨습니다.

"신묘장구대다라니를 능히 법답게 지송하고 모든 중
생에 대해 자비심을 일으키면, 내가 그때 모든 천신과
용왕과 밀적금강密跡金剛 등에게 분부하여, 늘 그의 곁
을 떠나지 않고 수호하기를 자기의 눈이나 목숨을 보
호하듯 하게 합니다."

이렇게 설하시고는 염마라왕·난타용왕·금강역사·비
사문천왕 등 총 이십팔부중二十八部衆의 이름을 하나하나
열거하면서 '이 주문 외우는 이를 늘 옹호케 하라' 하셨
을 뿐 아니라, 어느 때 어떠한 장소에서의 재앙도 남김없
이 없애주신다는 것을 긴 게송으로 노래하였습니다.
곧 신묘장구대다라니를 외우면 관세음보살님을 존경
하고 따르는 천신들과 용왕 등의 신중들이 모두 기뻐하
면서, 자애로운 마음으로 보호해주고 청량함을 안겨준
다는 것. 이것을 **천룡중성동자호**라는 말로 표현한 것입
니다.
나아가 이 대우주법계에 충만되어 있는 맑고 밝은 에
너지가 늘 함께하여, **백천삼매돈훈수**, 백천 가지 삼매를
단박에 닦고 한꺼번에 익힐 수 있게 됩니다.

향을 싼 종이에는 향 내음이 나고, 향을 피운 방에 오래 앉아 있으면 몸에서 향 내음이 나듯이, 대다라니에 집중하고 있으면 모든 좋은 일들과 삼매들을 한꺼번에 닦을 수가 있습니다.

다만 우리가 해야 할 바는 집중입니다. 일념입니다. 번뇌망상이나 불안·두려움·갈등 등은 관세음보살님께 맡기고, 간절함으로 천수경과 신묘장구대다라니를 독송하면, 당면한 일의 소원성취는 물론이요 하는 일마다 걸림 없이 잘 이루어지게 됩니다.

하지만 번뇌 많고 의심 많은 중생이 일념의 기도를 하기가 쉽겠습니까? 큰 성인의 가피를 입어 업장을 소멸하고 온갖 좋은 일들을 한꺼번에 이루는 기도가 쉽겠습니까? 물론 어렵겠지요. 그러나 결코 어렵기만 한 것도 아닙니다. 우리의 자세에 따라 생각보다 쉽게 이룰 수도 있습니다.

과연 어떻게 기도해야 하는가?

누누이 강조하였듯이 '부처님과 관세음보살님을 잘 모시고 살겠다'는 결의와 함께, 근심하고 걱정하고 두려워하고 불안에 떨 그 시간에 기도를 하면 됩니다. 모든 불안 등은 부처님과 관세음보살님께 맡기고, 열심히 '관세음보살'이나 천수경이나 신묘장구대다라니를 외우면 됩니다.

도대체 무엇을 어떻게 해야 할지 모르는 상황에 처하게 되었을 때, 진퇴양난의 고민거리가 생겨났을 때, 죽어라고 '관세음보살'이나 천수경이나 대다라니를 외우다 보면, 전혀 생각지도 못했던 답이 저절로 떠오르게 됩니다. 내가 어떻게 처신해야 할지, 실마리를 어떻게 풀어야 할지, 어떤 사람을 만나 도움을 청해야 할지 등의 생각이 분명하게 떠오릅니다.

이것이 바로 **백천삼매돈훈수**입니다. 대다라니 등을 지송하면 삼매력이 생기고, 삼매에 들어가게 되면 불보살님의 가피로 나의 불성 속에 갖추어져 있는 지혜가 저절로 발현되는 것입니다. 이렇게 되면 나는 어떻게 됩니까? 다음의 두 게송 속에 답이 있습니다.

수지신시광명당　受持身是光明幢
수지심시신통장　受持心是神通藏
이 다라니　지닌 몸은　광명당이요
이 다라니　지닌 마음　신통장이라

신묘장구대다라니를 수지한 이 몸은 광명의 깃발인 **광명당**이 되고, 대다라니를 수지한 마음은 신통의 창고인 **신통장**이 된다는 것입니다.

그런데 우리가 먼저 알아야 할 것이 있습니다. '과연 어떻게 하는 것이 신묘장구대다라니를 몸에 수지하는 방법이며, 어떻게 하는 것이 대다라니를 마음에 수지하는 방법인가?'하는 것입니다.

몸으로 받아 지니는 방법은 보통 세 가지를 들 수 있습니다. 읽고〔讀誦〕 쓰고〔寫經〕 남에게 설해주는 것〔爲人說法〕이 그것입니다.

신묘장구대다라니를 읽고 외우는 것이 독송이요, 대다라니를 베껴 쓰는 것이 사경이요, 다른 이에게 대다라니의 공덕과 영험 등을 자세히 이야기하여 신심을 불러일으키고 그들로 하여금 독송과 사경을 할 수 있게 만드는 것이 위인설법입니다.

물론 내가 대다라니를 독송하고 쓰는 것은 어렵지 않은데, 위인설법을 하는 것은 어려울 수 있습니다. 그때는 대다라니의 공덕과 영험과 각종 내용을 잘 해설한 책을 주위 사람들에게 주어 읽도록 하는 것도 좋은 방법입니다.

내가 대다라니를 독송하고 사경하고 위인설법하면서 몸으로 받아 지니게 되면 광명의 깃발인 **광명당**을 높이 세우는 것처럼 얼굴이 밝아지고 몸에서 빛이 납니다. 그리고 나의 몸에서 나오는 광명이 나의 가족과 친척과 주위 분들을 비추어 어두움을 몰아내어줍니다. 나의 몸이 광명의 깃발이 되어 모두를 밝혀주는 것입니다.

부처님의 가르침과 천수관음의 신묘장구대다라니를 수지하면 고통·번뇌·근심·걱정·불안·초조 등의 어두운 문젯거리는 저절로 사라지고, 평화·행복·지혜·자비·즐거움이 넘치는 밝은 삶이 가득할 뿐입니다.

밝은 해가 비치면 어두움을 찾아볼 수 없듯이, 관세음보살님과 대다라니와 함께하게 되면 삶의 부정적인 측면은 저절로 사라질 수 밖에 없습니다.

그럼 대다라니를 마음으로 받아 지니는 **수지심시**의 방법은 무엇인가? 관세음보살님의 자비를 마음에 담고 신묘장구대다라니에 대한 확신을 가지는 것입니다. 자비를 마음에 담고 깊은 믿음으로 대다라니와 함께하면 **신통장**이 열립니다. 마음에 신통력이 생기는 것입니다.

여기서의 신통은 하늘을 날아다니고 특이한 힘을 성취하는 신통이 아닙니다. 고민스럽던 문제의 답이 저절로 떠오르고, 마음먹은 대로 잘되는 것이 신통입니다. 막혔던 문제들이 뻥 뚫려서 잘 소통되는 것이 신통입니다.

원래 우리의 불성 창고 속에는 신통스런 보물들이 가득차 있습니다. 우리가 관세음보살님과 신묘장구대다라니를 깊이 믿고 부지런히 닦아갈 때, 불성의 창고가 열려 환희롭고 좋은 일들을 이루어 내게 되는 것. 이것이 바로 **신통장**입니다.

곧 이제까지의 보잘것없었던 나와는 다르게, 나와 남을 함께 살리고 함께 이롭게 하는 능력을 크게 지닐 수 있게 되는 것입니다.

이제부터 단순한 나의 욕망성취가 아니라, '부처님과 삼보를 잘 받들어 모시겠다'는 원을 세우고 천수경과 신묘장구대다라니를 외워 보십시오.

관세음보살님만이 아니라 천신과 용왕과 많은 호법성 중들께서 보호하고 지켜주십니다. 그리고 우리의 기도가 차츰 번뇌를 벗고 삼매 속으로 들어가게 되면 답이 떠오르고, 모든 어려움을 해결할 수 있게 됩니다. 이 몸에서 나는 빛으로 가족과 주변을 밝혀 평화로움을 안겨주고, 불성의 보배창고가 열려 나와 남을 풍요롭게 만들고 행복하게 만들어줄 수 있게 됩니다.

아, 이 즐거운 기도, 행복한 대다라니 기도를 어찌 하지 않을 것입니까? 대다라니 기도의 가피가 이와 같은데도…. 부디 대다라니를 잘 외워서, 이 몸으로 광명당을 이루어내고, 이 마음으로 신통장을 열어 봅시다.

모든 소원 원만하게 이루어지이다

세척진로원제해　洗滌塵勞願濟海
초증보리방편문　超證菩提方便門
아금칭송서귀의　我今稱誦誓歸依
소원종심실원만　所願從心悉圓滿

이것이 대다라니 계청의 마지막 구절입니다.

세척진로원제해　洗滌塵勞願濟海
초증보리방편문　超證菩提方便門
모든 번뇌　씻어 내고　고해를 건너
보리도의　방편문을　얻게 되오며

천수경을 외우고 신묘장구대다라니를 외우며 기도를
하는 이 시간은 **세척진로**洗滌塵勞, 곧 과거의 무량한 생애
동안 쌓아 온 모든 티끌과 죄업들을 씻어 내는 순간입니
다. 온갖 번뇌망상들과 갈등·의심·무명의 티끌들을 씻
어 내고 괴로움으로부터 벗어나는 순간입니다.

원제해願濟海, '원컨대 고해를 건너'라고 하였는데, 고해
苦海는 모든 번뇌망상과 생로병사로 가득한 바다입니다.
이 괴로움의 바다를 건너서 평화와 행복의 저 언덕으로

나아갈 수 있게 해달라는 것입니다.

그럼 신묘장구대다라니는 어떤 역할을 하는가? 고해를 건너갈 수 있게 해주는 배, 곧 반야용선般若龍船의 역할을 하는 것이 대다라니입니다. 그 배의 선장은 관세음보살님이며, 관세음보살님께서는 들고 계신 감로병 속의 감로수로써 우리의 때를 씻어주고 업장을 녹여주십니다.

모름지기 우리는 관세음보살님을 굳게 믿고 천수경이나 신묘장구대다라니를 외우면서 우리 속에 있는 감로수를 샘솟게 해야 합니다. 그리하여 모든 병을 치유하는 영원한 생명력과 모든 고뇌를 벗어나게 하는 능력으로 나와 남을 함께 살리고 살려가야 합니다.

그리고 한걸음 더 나아가면 보리지혜菩提智慧와 방편문方便門을 한꺼번에 성취할 수 있으니, 이것이 바로 **'초증보리방편문**超證菩提方便門'입니다.

여기서 한가지 짚고 가야 할 것이 있습니다. 우리가 어떠한 마음으로 기도할 때 '온갖 티끌을 씻을 수가 있고', '빨리 고해를 건너갈 수가 있으며', '보리지혜와 방편문을 한꺼번에 성취할 수 있는가'하는 것입니다.

그것은 **참회**하는 마음입니다. 이유도 까닭도 모두 내려놓고 스스럼없이 '잘못했습니다'할 줄 알아야 합니다. 알고 있는 죄업만이 아니라, 보이지도 않고 알지도 못하는 죄업에 대해서도 무조건 잘못했다고 참회할 줄 알아야 합니다.

마음에 걸리는 일이 있고 풀고 싶은 일이 있을 때, 신묘장구대다라니를 외우면서 상대를 향해 마음속으로 '잘못했습니다'하고, 상대의 행복을 축원해 보십시오. 펑펑 울면서 참회해 보십시오. 마음의 때가 씻겨지고 업장이 소멸되는 것을 느낄 수 있습니다.

맺힌 것이 풀어지고 업장이 소멸되고 마음의 때가 씻겨 내려가면, 지금 이 자리가 고해 너머에 있는 피안으로 바뀌게 되고, 삶의 근원적인 지혜는 물론이요 그때 그때 문제를 해결하는 방편까지도 잘 구사를 할 수 있습니다.

방편方便은 마음씀입니다. 지혜로운 방편은 상대방의 입장에 서서 내 마음을 쓰는 것입니다. 남편과 아내 사이의 일을 예로 들어봅시다.

🌸

남편이 힘들게 일을 하여 3백만 원을 벌어왔을 때, 아내가 불만 섞인 음성으로 퉁명스럽게 말합니다.

"한 달에 적어도 4백만 원은 있어야 돼. 나더러 어떻게 살라고."

이 말 한마디에 남편의 어깨는 축 처지고, 아내의 얼굴

이 보기 싫어지며, 아내 대신 술과 벗을 하며 살게 됩니다.

반대로 남편이 3백만 원을 벌어올 때 아내는 스스로를 돌아보며 생각합니다.

'약간 여유 있게 살려면 4백만 원은 필요한데, 3백만 원만 들어오는 것을 보면 '나의 복이 모자란다'는 것을 알 수 있구나. 남편을 탓하고 원망할 것이 아니라 내가 부지런히 복을 지어야겠다.'

'여보, 미안합니다. 당신의 피땀이 어린 이 돈으로 알뜰히 잘 살겠습니다.'

이렇게 마음을 좋게 쓰면서 절약하고 상대를 배려하며 살면, 부부간의 사랑이 더욱 커짐은 물론이요 가정이 평화로워지고 부자가 될 수 있는 길이 열리게 됩니다. 곧, 좋은 방편들이 자꾸 생겨나서 모두를 행복하게 만들어 줍니다.

჊

정녕 신묘장구대다라니를 수지하고 외우면서 참회를 하고 마음을 잘 쓰는 것은, 고해를 건너고 보리지혜를 가장 빨리 증득하는 최상의 방편입니다. 어찌 '초증보리 방편문'이라 하지 않을 수 있겠습니까? 오직 우리에게 남은 것은 관세음보살님과 신묘장구대다라니를 칭송하

고 귀의하는 실천이기에, 다음 게송에서는 이를 깨우쳐
주고 있습니다.

아금칭송서귀의 我今稱誦誓歸依
소원종심실원만 所願從心悉圓滿
제가 이제 지송하고 귀의하오니
온갖 소원 마음 따라 이뤄지이다

아금칭송서귀의는 내가 지금 정성을 다해 관세음보살
님과 대다라니를 칭송하고 귀의할 것을 맹세하는 것입니
다.

가피력 크고 무한 능력과 영원한 생명력을 지닌 관세
음보살님과 대다라니를 지극한 마음으로 귀의할진대, 어
떤 소원이 뜻과 같이 이루어지지 않겠습니까? 그러므로
소원종심실원만이라고 한 것입니다.

모든 소원이 원만하게 이루어진다는 소원종심실원만.
그렇습니다. 꼭 이루어야 하는 일이라면 안 된다고 포기
하지 마십시오.

대다라니에 귀의하여 소원을 성취하는 것은 관세음보
살님의 대자비원력大慈悲願力에 기초를 둔 것입니다. 그 원
력은 일체중생의 발고여락拔苦與樂입니다. 중생 모두를 고
통 없게 해주고 행복과 즐거움을 안겨주겠다는 것입니

다. 곧 당신 자신을 위한 원력이 아니라, 모두를 향해 대원을 발하고 계시는 분이 관세음보살님이십니다.

그러므로 대다라니를 칭송하고 의지하여 꼭 된다는 믿음으로 신묘장구대다라니 기도를 해 보십시오. 틀림없이 가피를 입어 소원을 뜻과 같이 이룰 수 있습니다.

한 걸음 더 나아가, 천수경을 독송하고 신묘장구대다라니 기도를 하는 우리 불자들도 관세음보살님처럼 활짝 열린 대원을 발하여야 합니다. 대원을 발하면서 마음을 크게 열고, 그 다음에 참회하며 나의 작은 소원을 염하게 되면 그 작은 소원들이 이루어지지 않을 까닭이 없습니다.

천수경의 다음 구절인 나무대비관세음 원아속지일체법부터 원아조동법성신까지의 열 가지 대원을 발한 다음, 대다라니를 외우고 참회하십시오.

내가 잘못을 저지른 사람에게는 물론이요, 내가 미워하고 있는 사람들을 향해서도 '잘못했습니다' 하면서 상대의 행복을 축원하여 보십시오. 나부터 바뀌게 되고, 내가 바뀌면 관세음보살님과 천룡 등의 신중들, 대우주법계 속의 좋은 에너지들이 어찌 나를 호지하지 않겠습니까? 나의 몸에서는 광명이 나고 마음은 신통하게 열리며, 나의 작은 소원들은 성취되지 않을 수가 없습니다.

천수경을 독송하는 불자들이여. 관세음보살님의 대자비광명 속에서 마음의 때를 씻고 업장을 소멸하고 소원을 성취하고자 하는 불자들이여. 부디 마음의 문부터 활짝 열어 봅시다. 보살심과 보리심을 활짝 열어 봅시다.

남편을 향해, 아내를 향해, 아들딸을 향해, 부모를 향해, 친구를 향해, 원수를 향해, 지금까지 서운했던 이들과 고마웠던 이들과 영가들을 향해, 그리고 일체중생을 향해, 함께 살아나는 보살의 마음과 함께 깨닫고자 하는 보리심을 활짝 열어 봅시다.

마음을 활짝 열면 업장소멸의 바른길이 열립니다. 빠른 소원성취의 길이 나타납니다. 대해탈의 넓은 길이 펼쳐집니다. 그 길로 나아가십시오. 나 속의 욕심과 분노와 근심 걱정 등은 모두 관세음보살님과 신묘장구대다라니의 위신력에 맡기고….

나무 광대원만 무애대비 관세음보살.

관음행자여 발원하라

십대원을 발하라

이제 드디어 관세음보살님께서 신묘장구대다라니를 외우는 관음행자들에게 꼭 발원할 것을 요구한 십대원十大願에 대해 함께 공부할 차례가 되었습니다.

천수경의 모경母經인 『천수천안관세음보살 광대원만무애대비심다라니경』에서, 천수관음은 석가모니불 앞에서 분명히 선언합니다.

　"만일 비구·비구니·우바새·우바이가 이 대비심다라니를 지송하고자 하면, 먼저 중생에 대해 자비심을 일으킨 다음, 저를 향해 이렇게 원을 세워야 합니다."

그리고는 십대원과 육향육서六向六誓의 원을 발하도록 하였습니다. 먼저 십대원의 내용부터 살펴봅시다.

① 나무대비관세음　南無大悲觀世音
　　원아속지일체법　願我速知一切法
② 나무대비관세음　南無大悲觀世音
　　원아조득지혜안　願我早得智慧眼
③ 나무대비관세음　南無大悲觀世音
　　원아속도일체중　願我速度一切衆
④ 나무대비관세음　南無大悲觀世音
　　원아조득선방편　願我早得善方便
⑤ 나무대비관세음　南無大悲觀世音
　　원아속승반야선　願我速乘般若船
⑥ 나무대비관세음　南無大悲觀世音
　　원아조득월고해　願我早得越苦海
⑦ 나무대비관세음　南無大悲觀世音
　　원아속득계정도　願我速得戒定道
⑧ 나무대비관세음　南無大悲觀世音
　　원아조등원적산　願我早登圓寂山
⑨ 나무대비관세음　南無大悲觀世音
　　원아속회무위사　願我速會無爲舍
⑩ 나무대비관세음　南無大悲觀世音
　　원아조동법성신　願我早同法性身

이 십대원은 관세음보살님께서 우리들로 하여금 바른 기도와 빠른 기도 성취를 위해 발하라고 하신 열가지 대원입니다. 따라서 우리가 대자비심을 일으켜 십대원을 간직하고 기도를 하면 신묘장구대다라니법이 온전히 갖추어지고, 무한 능력과 무한 광명이 함께하게 됩니다.

① **나무대비관세음   南無大悲觀世音**
　　원아속지일체법   願我速知一切法
　　자비하신   관세음께   귀의하오니
　　일체법을   어서 속히   알아지이다

십대원 앞에는 하나같이 '**나무대비관세음**'이 붙어 있습니다. 이 '나무'는 산스크리트어 '나마스namas'를 음역한 것인데, '몸과 마음을 다 바쳐서 귀의한다'는 뜻입니다. 곧 나를 모두 바쳐서 관세음보살님께 돌아가고 의지한다'는 것으로, 달리 '지심귀명례至心歸命禮'로 대처하여 표현을 하는 경우가 많습니다.

지심귀명례. '지극한 마음으로 가장 소중한 목숨을 바쳐 귀의하고 절하옵니다.'

이 얼마나 간곡한 말씀입니까? 이러한 마음으로 기도하는데 우리의 고뇌는 어떻게 될 것이며, 관세음보살님의 대자비는 어디로 향하겠습니까?

당연히 무수한 고뇌들은 모두 녹아내릴 수밖에 없고, 관세음보살님의 대자비는 '나무'를 외치고 '지심귀명례'를 하는 우리에게로 향할 뿐입니다.

그리고 첫 번째 발원인 원아속지일체법의 일체법一切法은 일체에 대한 진리, 모든 것에 대한 진리, 곧 불법佛法입니다. 부처님께서 설하신 대진리입니다.

그럼 부처님께서 설하신 대진리 중 우리를 자유와 평화와 행복한 쪽으로 이끌어주는 가르침으로는 어떠한 것들이 있는가? 참으로 많고도 많지만, 대표적인 것을 들자면 사성제四聖諦·팔정도八正道·삼법인三法印·중도中道·육바라밀六波羅蜜·사무량심四無量心·사섭법四攝法·인연법因緣法 등이 있습니다.

우리는 늘 이와 같은 법문을 알고자 해야 합니다. 부처님께서 증득하고 설하신 대진리를 속히 알고자 해야 합니다. 이 법문들을 모르면 바르게 나아갈 수가 없고, 다른 이들도 바르게 인도할 수가 없습니다.

일체고를 벗고 생사의 굴레를 벗어나게 하는 이 진리들을 제대로 알지 못하면 해탈도 열반도 평화도 행복도 요원해집니다. 그래서 관세음보살님께서는 원아속지일체법을 제1원으로 삼도록 하신 것입니다.

'나무대비관세음 원아속지일체법'. 이 구절을 입으로만

독송하면 안 됩니다. 마음으로, '관세음보살님, 반드시 불법을 잘 배우겠습니다'고 염하십시오.

그리고 평소 때 기본적인 불교교리들을 차근차근 배우고 알고 깨쳐 가고자 하십시오. 그 노력으로 우리는 점점 달라지게 되고 삶이 참으로 윤택해집니다. 부처님과 함께하는 기쁨, 불자라는 자부심을 가질 수 있게 됩니다. **원아속지일체법**이 첫 번째로 할 일이라는 것을 꼭 기억하시기 바랍니다.

② **나무대비관세음** 南無大悲觀世音

   원아조득지혜안 願我早得智慧眼

   자비하신 관세음께 귀의하오니

   지혜의 눈 어서어서 얻어지이다

일체법을 알게 되면, 곧 불법을 알게 되면 **지혜안**, 곧 지혜의 눈이 열립니다. 부처님 가르침을 알게 되면 알게 되는 만큼 진리를 바르게 볼 수 있고 모든 것을 있는 그대로 볼 수 있는 지혜의 눈이 생깁니다.

동시에 진리를 깨닫고 통달하기 위해 가장 먼저 갖추어야 할 것 또한 지혜의 눈입니다. 지혜의 눈이 있어야만 일체법을 제대로 통달할 수 있습니다.

지혜의 눈이 없는 중생은 자비로운 삶보다는 감각적인

삶을 살아갑니다. 감정적이고 이기적으로 살아갈 뿐, 상대를 잘 배려하지도 이해하지도 않습니다. 부모자식 사이에서까지 자식 중심으로 생각하고 행해야 할 일을 부모의 욕심 중심으로 행하는 경우가 많습니다.

또 베풀 때에도 받는 사람 중심이 아니라 나 중심으로 베풉니다. 자식들에게 정말 이로운 일이 무엇인지? 받는 사람에게 꼭 필요한 것이 무엇인지를 생각하기보다는 나 중심으로 생각하고 행동합니다.

왜 이렇게 된 것인가? 지혜가 없기 때문이라는 것을 다 아실 것입니다. 그럼 지혜로워지려면 어떻게 해야 하는가?

부처님께서는 나 중심적인 생각인 '아집我執과 욕망을 비워야 한다'고 하셨습니다. 내가 본래 없다는 것〔無我〕을 체득하고 내가 공空임을 관하게 되면 지혜의 눈이 저절로 열린다고 하셨습니다. 무아요 공임을 알 때 어떻게 살아야 하며 인간관계를 어떻게 맺어야 하는지, 일체법이 무엇인지를 바르게 알게 된다고 하셨습니다.

그러므로 우리는 노력해야 합니다. 옹졸하고 이기적인 '나'의 벽을 무너뜨리고, 내가 만들고 불어 스스로를 가두고 있는 나의 고무풍선을 터뜨려, 일체중생과 나를 둘이 아닌 한 식구로 보고자 노력해야 합니다. 그래서 관세음보살님께서는 다음의 원을 발하도록 하셨습니다.

③ **나무대비관세음**　南無大悲觀世音

　　원아속도일체중　願我速度一切衆

　　자비하신　관세음께　귀의하오니

　　모든 중생　어서 속히　건네지이다

부처님과 대보살님께는 나와 남이라는 구별이 없습니다. 중생을 당신과 한몸으로 보고 있습니다. 미운 마음, 원망하는 마음은 털끝만큼도 없고, '원아속도일체중'만 있을 뿐입니다. 대자비심으로 일체중생의 슬픔과 불행과 괴로움을 해탈시켜주고 없애주고자 할 뿐입니다.

부처님과 관세음보살님은 오로지 대자비의 조건없는 사랑으로 일체중생을 구제해주십니다. 관세음보살님께서 천 개의 손과 천 개의 눈과 엄청난 힘을 순식간에 갖추게 된 까닭이 무엇 때문이었습니까? 바로 **원아속도일체중**願我速度一切衆 때문이었습니다. 일체중생을 남김없이 제도하겠다는 큰 원력이 있었기에 천수천안을 갖추고 무한 능력을 갖추게 된 것입니다.

우리는 이것을 배워야 합니다. 지금의 우리가 비록 힘은 없지만, 일체중생을 모두 건져내겠다는 원을 발할 때 지혜의 눈이 열리게 되고, 중생들을 살려 갈 능력이 조금씩 조금씩 쌓이게 되는 것입니다.

　지금부터 실천해 봅시다. 나와 내 가족만을 위한 기도
와 축원에만 매달리는 불자가 아니라, 모든 존재를 위해
축원 한마디 할 줄 알고 기도 한 번 해줄 줄 아는 불자
가 되어 봅시다. 이 축원과 기도를 하는 이라야 외롭고
고달픈 삶에서 쉽게 벗어날 수 있고, 진정한 해탈을 누
릴 수 있게 됩니다.

　④ **나무대비관세음**　南無大悲觀世音
　　원아조득선방편　願我早得善方便
　　자비하신　관세음께　귀의하오니
　　좋은 방편　어서어서　얻어지이다

　하지만 중생제도는 마음만으로 되는 것이 아닙니다.
일체중생과 함께 해탈하는 보살행을 실천하기 위해서는
선방편善方便, 곧 좋은 방편, 훌륭한 방편을 갖추어야 합
니다.

　그럼 좋고 훌륭한 방편이 무엇일까요? 좋은 방편은 나
에게 맞춘 방편이 아니라, 상대방에게 맞추어주고 상대
방을 해탈시켜주는 방편입니다.

　이 선방편은 '내가 얼마나 상대에게 잘 맞추어 주어서
살려내느냐'에 초점을 두고 있습니다. 가족을 예로 들면,

배우자가 내 마음에 맞기를 바라는 것이 아니라 내가 배우자에게 맞추고, 아들딸이 내 마음에 맞기를 바라는 것이 아니라 내가 아들딸의 생각을 잘 읽고 아들딸을 해탈시키는 쪽으로 실천하는 것입니다.

여기서 한 가지, 잊지 말아야 할 것이 있습니다. 그것은 좋은 방편, 훌륭한 방편을 구사하면 그 복이 결과적으로 나에게로 돌아온다는 것입니다. 곧 나의 복이 커지고 내 마음이 더 넓어집니다. 나의 그릇이 그만큼 더 맑고 크고 튼튼해지는 것입니다.

자비심이 깊으면 선방편도 커집니다. 사랑하면서도 보상을 바라지 않고, 원망과 미움의 원인을 오히려 스스로에게 돌릴 때, 상대를 살리고 상대를 위하는 좋은 방편이 샘솟게 되는 것입니다. 그럼 으뜸가는 방편은 어떠한 것인가? 관세음보살님께서는 피안으로 나아가게 하는 반야선般若船에 타도록 하는 것임을 강조하고 있습니다.

⑤ 나무대비관세음   南無大悲觀世音
　원아속승반야선   願我速乘般若船
　자비하신 관세음께 귀의하오니
　지혜의 배 어서 속히 올라지이다
'저로 하여금 지혜의 배인 반야선에 빨리 올라탈 수 있게 해주십시오'라고 간절히 발원하라고 한 관세음보살님의 뜻은 무엇일까요? 지혜의 배인 반야선을 타면 틀림없이 피안으로 갈 수 있으니, '태워 달라'고 간절히 말하라는 것입니다.

가만있으면 누구도 배를 태워주지 않습니다. 태워 달라고 해야 극락 가는 배, 고통이 없는 불국세계로 가는 배를 탈 수 있습니다. 그러므로 관세음보살님께 귀의하면서 태워 달라고 하십시오. 반야의 지혜를 깊이 체득하여 반야선을 직접 만들고 그 배의 선장 노릇을 하고 있는 관세음보살님께 속히 태워 달라고 하십시오.

우리가 관세음보살께 귀의하면서 반야선을 태워 달라고 하는 순간, 내 속의 불성이 깨어나면서 나의 반야선이 움직이기 시작합니다. 그리고 천수경과 신묘장구대다라니를 열심히 외우며 정진하면 반야용선은 피안을 향해 힘차게 나아갑니다.

⑥ 나무대비관세음　南無大悲觀世音
　원아조득월고해　願我早得越苦海
　자비하신　관세음께　귀의하오니
　고통바다　어서어서　건너지이다
그렇습니다. 지혜 가득하고 지극히 거대한 반야선을

탔으니 고해苦海를 건너는 것은 당연지사입니다. 절대로 방향을 잃거나 파도 등으로 인해 조난 당하지 않습니다.

우리가 살고 있는 이 사바세계는 고해입니다. 고통이 가득한 바다입니다. 어떠한 고통이 가득한 곳인가? 사고四苦·팔고八苦가 가득한 곳입니다.

생로병사生老病死의 네 가지 고통에다,

⑤ 미운 이와 만나는 괴로움〔怨憎會苦〕

⑥ 사랑하는 이와 헤어지는 괴로움〔愛別離苦〕

⑦ 구하는 것을 얻지 못하는 괴로움〔求不得苦〕

⑧ 내가 일으킨 번뇌망상에 휩싸여 사는 괴로움〔五陰盛苦〕

등이 가득합니다.

그러므로 어서 빨리 이 고해를 건너가겠다는 원을 세워야 합니다. 그리고 고해를 건너가는 지혜의 배인 반야선에 탈 수 있는 행을 속히 갖추어야 하기에, 관세음보살님께서는 제7대원을 발하도록 하셨습니다.

⑦ 나무대비관세음　南無大悲觀世音

　원아속득계정도　願我速得戒定道

　자비하신　관세음께　귀의하오니

　계정혜를　어서 속히　얻어지이다

이제 관세음보살님께서는 지혜의 반야선에 오르게 하

는 행, 직설적으로 말하면 반야지혜를 증득할 수 있게하는 가장 근본적인 행이 무엇인가를 밝히고 있습니다.

그것은 **계정도**戒定道입니다. 계의 도와 선정의 도입니다. 계를 잘 지키고 선정을 닦게 되면 반야지혜가 저절로 발현되고, 반야선을 스스로 운행하여 고해를 벗어날수 있다는 것입니다.

불교에는 5계·10계·비구계·비구니계·보살계 등 신분에 따라 지켜야 할 많은 계율들이 있지만, 계戒를 한마디로 정의하면 '선線을 잘 지켜라'는 것입니다. 나의 몸과말과 생각을 잘 단속하여 넘지 말아야 할 선을 넘지 않는 것이 계율입니다. 넘지 말아야 할 선, 범하지 말아야할 행동을 하지 않고 좋은 일을 하며 살면, 한 점 부끄러움 없이 당당하게 살아갈 수 있습니다.

흔히들 '계율은 구속하는 것이라 싫다'고 하지만, 계율은 구속하기 위해 만들어진 것이 아닙니다. 계율은 탐욕과 분노와 이기심·교만·의심·사견으로부터 나를 보호하는 최선의 방법입니다. 선업을 잘 쌓는 길이요 평화롭고 떳떳하게 사는 길입니다.

그리고 계율을 잘 지킨 이는 마음이 산란하지 않기 때문에 선정禪定에도 쉽게 젖어들 수 있습니다. 선정을 여러가지로 해석할 수 있는데, 한마디로 요약하면 고요하고 평화로운 마음입니다. 바꾸어 말하면 불안이 없고 망상이 없는 상태입니다.

계를 잘 지키며 맑게 살았으니 어찌 선정이 함께하지 않을 것이며, 마음이 고요하고 평화로우니 어찌 모든 것이 있는 그대로 보이지 않겠습니까? 이것이 바로 지혜이니, 이 지혜가 능히 고해를 벗어나게 하는 반야선을 잘 운행할 수 있게 하여 줍니다.

⑧ 나무대비관세음　南無大悲觀世音
　　원아조등원적산　願我早登圓寂山
　　자비하신　관세음께　귀의하오니
　　열반언덕　어서어서　올라지이다

원적산의 원적圓寂은 열반의 다른 말입니다. 계戒·정定·혜慧 삼학三學을 잘 닦아 반야선을 타고 고해를 건너서 마침내 도착하게 되는 곳. 그곳은 열반의 언덕인 **원적산**圓寂山입니다. 모든 번뇌가 다 사라져 원만하고 고요하기 그지없는 피안의 불국토입니다.

하지만 원적산은 특별한 곳에 위치하고 있는 이상향이 아닙니다. 항상 원만하고 고요하고 밝은 열반涅槃의 언덕이요, 나의 원래 불성 자리입니다. 따라서 이곳에는 영원하고〔常〕 늘 즐겁고〔樂〕 자유롭고〔我〕 청정한〔淨〕 열반의 4

덕德이 충만되어 있습니다.

잊지 마십시오. 열반의 언덕인 원적산에 오르는 가장
좋은 방법은 계를 잘 지키고 선정을 익히고 지혜를 발현
시키는 것이요. 이 셋을 잘 갖추어야만 원적산 속의 무
위사無爲舍 속으로 들어가서 살 수가 있습니다.

⑨ 나무대비관세음　南無大悲觀世音
　　원아속회무위사　願我速會無爲舍
　　자비하신　관세음께　귀의하오니
　　무위집에　어서 속히　들어지이다

원적산에 있는 **무위사**無爲舍. 이 집에는 아무나 들어가
서 살 수가 없습니다. 하되 함이 없는 무위無爲의 경지에
이른 이라야 살 수 있는 집이 무위사입니다. 앞에서 '무
위심내기비심'을 이야기할 때, '무위의 삶이 해처럼·봄바
람처럼·비처럼 사는 것'이라고 설명하였으므로 여기에서
는 생략하겠습니다.

집착 없이 번뇌 없이 걸림 없이 사는 무위사 속의 삶.
대부분의 불자들은 이 삶이 나와 무관한 삶이라며 자포
자기를 해 버립니다. 그러나 이 삶이 어렵기만 한 것은
아닙니다. 스스로의 불성을 돌아보며 꾸준히 닦아 가면
누구든 무위사 속으로 들어갈 수 있습니다.

하루에 천수경을 한 번씩 쓰거나 몇 번씩 읽기, 30분 좌선하기, 108배 하기 중에서 한 가지만이라도 꾸준히 해 나가다 보면 내 내면에 향기롭고 밝은 무위의 방이 생겨나고 있음을 느낄 수 있게 되고, 공부에 재미를 느껴 삼매 속에 젖어 들면 함이 없이 모든 것을 성취하는 무위사에서 살 수 있게 됩니다.

그리고 염불·독경·사경·참회기도·참선 등을 꾸준히 계속하여도 그 효과는 같이 나타납니다. 이러한 수행을 통하여 무위사를 짓는 벽돌을 한 장 한 장 쌓아 가시기 바랍니다.

⑩ 나무대비관세음   南無大悲觀世音
　원아조동법성신   願我早同法性身
　자비하신 관세음께 귀의하오니
　진리의 몸 어서어서 이뤄지이다

법성신法性身은 대우주법계의 근본 에너지요 불변의 몸이며, 우리의 불성이요 진리요 반야입니다. 이 법성신을 앞의 무위사와 연결시켜 보면, '무위사에 들어가 보니 내가 원래부터 법성신이었다'는 깨우침입니다.

기도·염불·독경·참선 등을 통하여 깊은 삼매에 들어 무위의 집 속에 있는 나를 보게 되면, 그 '나'가 대우주법계와 둘이 아님을 체득할 수 있게 됩니다. 그리고 부처님께서 대각을 이루신 것과 같은 환희의 일성一聲이 터져 나옵니다.

"아! 부처님과 조금도 다름이 없는 지혜와 덕상이 나와 중생들에게도 원래부터 갖추어져 있었구나. 언제나 대우주법계의 진리가 나와 함께하였구나. 부처님, 관세음보살님. 감사합니다."

이렇게 법성신이 무엇인지를 분명히 체득하면 관세음보살님께서 발하도록 한 십대원을 모두 실현할 수 있게 되며, 그날부터 우리도 대자비를 거침없이 행할 수 있는 대보살이 됩니다.

불자님들이여, 관음행자들이여. 부디 이상의 십대원을 우리의 원으로 만들어, 법성신을 이룰 그때까지 다함께 정진하고 또 정진합시다.

육향육서六向六誓

아약향도산 도산자최절　我若向刀山　刀山自摧折
아약향화탕 화탕자소멸　我若向火湯　火湯自消滅
아약향지옥 지옥자고갈　我若向地獄　地獄自枯渴
아약향아귀 아귀자포만　我若向餓鬼　餓鬼自飽滿
아약향수라 악심자조복　我若向修羅　惡心自調伏
아약향축생 자득대지혜　我若向蓄生　自得大智慧

불교의 오묘함과 특징은 중생이 곧 부처요, 부처님이 늘 중생과 함께한다는 데 있습니다. 이를 '관세음보살님과 나'에게 적용시켜 보십시오. 내가 곧 관세음보살이요, 관세음보살이 곧 나입니다.

나의 관세음보살님. 이 관세음보살님께서는 우리에게 10대원에 이어 '육향육서六向六誓를 발하라'고 요구하고 있습니다. 여섯 곳의 나쁜 세상을 향해 여섯 가지의 맹세를 발하라는 것입니다.

관세음보살님께서 나아가라고 한 여섯 갈래는 윤회하는 육도六道의 세계 중에서 천상계와 인간계를 뺀 4도四道입니다. 곧 앞의 셋은 지옥이고, 뒤는 아귀계·수라계·축생계입니다.

그럼 왜 관세음보살님께서는 아무런 능력도 없는 우리에게 이러한 맹세를 하도록 한 것일까요? 먼저 육향육서의 하나하나를 살펴본 다음 이를 논하여 봅시다.

아약향도산 도산자최절　我若向刀山 刀山自摧折
칼산지옥 제가 가면　칼산 절로 꺾여지고

도산지옥은 칼산지옥입니다. 이 지옥의 바닥에 뾰족한 칼날들이 솟아 있습니다. 도산지옥에 떨어지는 이는 그 칼날 위를 걷거나 눕거나 떨어지면서 계속 찔리고 베이는 고통을 받아야만 합니다

『능엄경』에는 이 솟아 있는 도산지옥이 생겨나게 된 까닭을 밝혀 놓았습니다.

중생들은 나에게 맞지 않거나 제 마음대로 되지 않으면 진심瞋心, 곧 성을 내게 되는데, 성을 확 내는 그 순간에 칼끝 같은 살기가 뾰족 솟아나게 되고, 성내는 일이 많아지면 수없이 많은 칼로 만들어진 도산지옥이 생겨나게 된다는 것입니다.

어느 누구 할 것 없이 성을 내는 순간에 칼끝 같은 날카로운 것이 튀어 나가 남을 찌르고 나 자신을 찌르게 되는데, 이 분노가 도산지옥을 만드는 원인이 됩니다. 그리고 살아생전에 남을 미워하고 저주하고 분노할 때

방출된 거친 기운이 무형의 칼이 되어 저승감옥에 차곡차곡 쌓여 있다가, 목숨이 다하는 날 스스로가 마련한 감옥의 문이 열림과 동시에 칼날들이 튀어나와 나를 찌르는 것입니다.

그럼 도산지옥의 칼날들이 저절로 부러지고 사라지게 하는 방법은 무엇인가?

진심瞋心, 곧 짜증내고 미워하고 질투하고 저주하고 분노하는 마음을 버려야 합니다. 나의 마음에 맞지 않는 일이 찾아들지라도 안정된 마음으로 상대에게 평온함과 행복을 안겨주고자 하면, 서로를 해치는 칼날 같은 장애가 자취를 감추기 시작합니다.

가령 아이가 공부를 잘 하지 않고 옆길로 나간다고 합시다. 그때 부모라는 이름으로 아이에게 잔소리하거나 짜증을 내는 경우가 많은데, 이 경우 방향을 바꾸어 축원을 해줄 수 있어야 합니다.

'저 아이가 공부하지 않고 어긋나가는 데는 무언가 까닭이 있을 것이다. 지금 아이의 마음속 이야기도 듣고, 아이를 위해 기도하고 축원해주라시며 이러한 시련을 주시나 보다.'

부모가 긍정적인 자세로 임하면 아이도 달라집니다.

'아, 나는 부모를 정말 잘 만났다. 다시 힘을 내어 바

르고 멋진 삶을 살리라.'

부모와 자식이 서로 이러한 마음을 갖게 되면 '**도산자 최철**'이 됨은 물론이요, 함께 향상의 길로 나아가 평화롭고 행복한 나날을 만들 수 있습니다.

아약향화탕 화탕자소멸 我若向火湯 火湯自消滅
화탕지옥 제가 가면 화탕 절로 사라지며

지글지글 끓는 화탕지옥이 생겨나는 까닭은 『능엄경』에서는 지나친 욕심, 특히 음욕심淫欲心 때문이라고 하였습니다. 뜨겁게 치솟는 욕정과 타오르는 음심으로 인한 열이 걷잡을 수 없게 되면, 용광로보다 더 뜨거운 화탕지옥을 만들어 내어 죽을 틈도 없이 고통을 받게 된다는 것입니다.

그럼 화탕지옥은 어떻게 해야 사라지는가? 간단합니다. 음욕의 불을 끄면 됩니다. 음욕에 빠져 더 큰 쾌락을 추구하며 불나방 같은 삶을 살면 화탕지옥은 반드시 나의 집이 됩니다.

그러나 사랑하는 사람을 진정으로 사랑하면서 함께 깨어나고 함께 살아나고 함께 맑아지는 삶을 살게 되면 화탕지옥이 기쁨과 행복이 가득한 화락천化樂天으로 바뀌게 됩니다.

이러한 이치를 잘 새겨, 욕정의 불기운이 끓어오를 때 그 기운을 잘 다스려서, 서로를 살리고 깨어나게 하는 청량의 참사랑으로 바꾸어 보시기 바랍니다.

아약향지옥 지옥자고갈 我若向地獄 地獄自枯渴
지옥세계 제가 가면 지옥 절로 없어지고

여기서의 지옥은 도산지옥·화탕지옥을 제외한 나머지 지옥들을 가리킵니다. 모든 지옥은 염라대왕이나 조물주가 만든 것이 아닙니다. 탐욕과 분노와 어리석음의 삼독 심三毒心이 심화되어 각종 악업을 짓게 될 때 갖가지 지옥이 생겨납니다.

독사의 맹독이 점차 심장을 파고들어 생명을 앗아가듯이, 일찍이 뿌려 놓은 악업의 씨앗이 점차 무르익어 죽을 무렵에는 완전한 열매를 맺게 됩니다. 그리하여 그는 자신의 업에 맞는 지옥 속으로 빨려 들어갑니다.

그리고 지옥은 크게 불지옥과 얼음지옥으로 나누어집니다. 불지옥을 화산에 비유하면, 악업을 지은 이의 의식이 뜨겁게 끓어오르는 용암 속으로 들어가서, 불 속에 던져진 조개탄처럼 불꽃과 하나가 되어버린다고 합니다. 마찬가지로 얼음지옥에 빠져들면 얼음덩이를 몸으로 삼아 이루 말할 수 없는 고통을 겪게 됩니다.

내가 지은 악업의 종류에 따라 각종 지옥이 다양하게 모습을 나타내게 된다는 것과 이 지옥의 일생은 몹시 길다는 것을 잊어서는 안 됩니다. 지극히 무거운 악업 탓으로 지옥 세계가 부서질 때까지 그곳에서 살아야 하는 이들도 있다고 하니….

하지만 지금, 나와 남의 삶을 파괴하거나 남의 생존을 가로막는 악업을 멈추고, 나의 이기심에서 비롯된 탐진치의 삼독심을 자비심으로 바꾸어 보십시오.

천년 동안 어두웠던 방에 불을 밝히면 일순간에 어두움이 사라지면서 환하게 밝아지듯이 즉시에 지옥이 광명 세계로 바뀌게 되니, 이것이 지옥을 없애는 최선의 길입니다.

아약향아귀 아귀자포만　我若向餓鬼 餓鬼自飽滿
아귀세계　제가　가면　아귀　절로　배부르며

지옥보다 조금 괜찮다는 아귀계餓鬼界는 굶주리는 귀신들의 세계로, 탐욕과 재산에 대한 욕심을 지나치게 부린 대가로 태어납니다. 또 남의 보시를 방해한 이들도 아귀로 태어난다고 합니다.

거대한 입을 가지고 있는 아귀들은 눈앞에 산 같은 음식물과 바다만큼의 물이 있어도 먹을 수가 없습니다. 목

구멍이 바늘구멍보다 가늘어서 음식물을 넘길 수 없기 때문입니다. 그런데 툭 튀어나온 배 때문에 한없이 배가 고프고 몸매는 뼈가 불거져 나와 앙상하기 짝이 없습니다. 그리고 물은 불로 보여서 늘 목마름의 고통을 받고, 벌거벗은 몸에 비치는 달빛과 햇볕은 타는 듯한 고통을 줍니다.

사람들처럼 목마르고 굶주리다 쇠약해져서 죽을 수 있는 혜택조차 없는 아귀들은 악업이 다할 때까지 굶주림의 삶을 이어가야 합니다. 그럼 어떻게 하여야 아귀계에서 벗어날 수 있는가?

❀

옛날 대범천왕이 진수성찬을 마련하여 천인들과 아귀들에게 긴 수저를 주면서 음식을 먹도록 하였습니다.

그러자 천인들은 서로 마주 앉았습니다. 그리고 긴 수저로 음식을 집어 앞에 앉아 있는 이의 입속에 넣어주며 맛있게 먹었습니다.

그러나 아귀들은 그 맛있는 음식을 긴 수저로 떠서 자신의 입에만 넣고자 하였기 때문에 한 숟가락도 먹을 수 없었습니다.

❧

천인과 아귀의 차이가 무엇입니까? '서로가 먹여주는 넉넉한 마음'과 '나만 먹겠다는 이기심'의 차이입니다. 내 것에 사로잡히고 나만을 위하고자 하는 욕심은 아귀의 몸을 받게 하고, 아귀를 항상 배고프게 만듭니다.

그럼 어떻게 하여야 아귀의 배를 불려주고 아귀의 몸을 벗게 할 수 있는가? 이기적인 욕심에서 벗어나도록 해주어야 합니다. 어떻게 하여야 아귀들이 이기적인 욕심을 벗을 수 있는가? 천인들처럼 마음을 넉넉히 쓰면 됩니다.

사찰에서는 스님들이 바루공양을 한 뒤 바루를 깨끗이 씻은 물을 아귀의 음식으로 제공하여 그들을 제도하는 풍습이 있습니다. 수행자의 자비심이 깃든 그 물만은 아귀들이 먹을 수가 있고, 그 물을 먹으면 아귀의 몸을 벗을 수 있다는 것입니다.

자비심에서 우러나오는 에너지는 능히 아귀의 배를 불려주고 아귀의 몸을 면하게 해줍니다. 왜냐하면, 넉넉하고 자비로운 마음이야말로 이기적인 욕심을 능히 가라앉힐 수 있기 때문입니다.

나의 바르고 자비로운 마음은 이렇게 귀하고 큰 것입니다. 이를 잘 기억하시고, '아약향아귀 아귀자포만'을 염하시기 바랍니다.

아약향수라 악심자조복 我若向修羅 惡心自調伏

수라세계 제가 가면 악한 마음 선해지고

수라는 **아수라**阿修羅의 줄인 말입니다. 『능엄경』에서는 아수라를 네 종류로 분류하고 있는데, ① 귀신 세계에 속해 있는 아수라, ② 인간계에 있는 아수라, ③ 공기 중에서 놀고 물속에서 자는 아수라, ④ 하늘에 사는 아수라입니다.

이 넷 중에서 불경에 자주 등장하는 아수라는 ④ 번으로, 아수라왕이 이들을 다스리고 있습니다. 아수라왕은 얼굴이 셋에 팔이 여섯으로 힘이 매우 세고 두려움이 없으며, 신통력이 뛰어나 제석천·대범천왕과도 패권을 다툰다고 합니다.

그리고 이 모든 아수라의 공통점은 다소의 지혜가 있기는 하지만 싸우기를 좋아한다는 것입니다. 우리가 일상생활로 쓰는 '수라장이로구나', '마치 아수라장 같다'는 말에서도 알 수 있듯이, 아수라의 투쟁심과 악한 마음은 그칠 사이가 없습니다.

인간 세상에도 이 아수라와 같은 투쟁과 악행은 자주 일어납니다. 하지만 이 투쟁과 악행이 어디에서 비롯되었는지를 곰곰이 돌아보십시오.

모든 다툼과 분쟁은 나의 고집과 교만과 욕망의 산물

일 뿐입니다. 나에게 거슬리고 내 뜻과 같지 않다는 이유로, 또 남 위에 군림하겠다는 아만심 때문에 싸울 뿐입니다.

그런데 욕망과 이기심을 비우고 스스로를 낮추어 하심下心을 하면 악심은 순식간에 사라져 버립니다. 그 악한 마음을 찾고 또 찾아도 발견할 수가 없습니다. 왜? 악한 투쟁심은 욕망 따라 자만심 따라 홀연히 생겨난 것일 뿐, 실체가 없기 때문입니다.

따라서 내 속에서 일어나는 악한 마음과 투쟁심에 실체가 없다는 것을 꿰뚫어 보고 마음을 가라앉혀서, 자비와 화합의 미소를 짓게 되면 아수라가 될 업보는 저절로 녹기 시작합니다.

아약향축생 자득대지혜　我若向蓄生 自得大智慧
축생세계　제가가면　지혜절로　얻어지이다

축생계는 동물의 세계입니다. 눈에 보이지 않는 지옥·아귀·아수라보다는, 우리의 눈으로 볼 수 있는 축생들의 고통은 쉽게 이해할 수 있습니다. 새와 짐승과 벌레와 물속 동물을 통틀어서 축생이라 하는데, 축생들은 약육강식의 흐름 따라 쉽게 목숨을 잃습니다. 게다가 인간은 축생들에게 커다란 고통을 덧붙여 줍니다. 축생을 사정없이 때리고 죽이기를 예사로 합니다.

또, 축생들은 추위와 더위와 배고픔 등을 몸 하나로 견뎌야 합니다. 날아다니는 제비와 기러기가 자유로운 듯하지만, 그들은 살기에 적합한 환경을 찾아 봄가을로 수만 리를 이동합니다.

그럼 축생들의 부자유와 괴로움은 어디에서 비롯되는 것인가? 대부분이 삿된 마음가짐과 어리석음인 치심癡心에서 비롯된다고 하며, 티베트불교에서는 게으른 삶과 바람직하지 않은 성행위를 축생으로 태어나는 주된 원인으로 보고 있습니다. 곧 지혜롭지 못하기 때문에 축생으로 태어난다는 것입니다.

그러므로 관세음보살님께서는 어리석음이 가득한 축생계를 향하여 대지혜를 얻도록 서원을 하라고 한 것이며, 우리나라 불교에서는 예부터 소·돼지·개 등의 축생을 보면 '대방광불화엄경'이나 '마하반야바라밀'을 세 번 외운 다음, '발보리심發菩提心을 하라'는 축원을 해주었습니다.

축생들로 하여금 도를 이루고자 하는 마음을 발하고 지혜를 일깨워서, 삿됨과 어리석음으로 인해 받은 축생의 몸을 벗고 새로운 몸을 얻어 깨달음을 이루라는 뜻에서 축원을 해주었던 것입니다.

그럼 관세음보살님께서 육향육서를 염하게 한 까닭은 무엇일까요? 이기심과 투쟁심을 자비심으로 바꾸어 참된 해탈을 얻게 하기 위함입니다.

내가 도산지옥·화탕지옥 등의 여러 지옥과 아귀계·수라계·축생계로 나아가 그곳의 중생을 구하겠다는 마음을 일으키는 순간, 나의 투쟁심은 가라앉고 이기심은 사라지기 시작합니다.

그리고 깊고 깊은 자비심으로 육향의 중생을 꼭 제도하겠다는 원력을 세우게 되면 나의 이기심으로 불어서 크게 만든 고무풍선이 탁 터지게 되고, 영원 생명·무한 능력·무량 복덕 등이 나와 함께합니다. 사람도 돈도 건강도 평화도 행복도 함께하게 되고, 광대원만 무애자재가 함께하게 된다는 것입니다.

그러므로 육향육서를 나와 무관한 것으로 받아들이지 말고, 나의 내면을 비추어 보는 거울로 삼으십시오. 그리고 진심으로 육향하여 그곳 중생을 제도하겠다는 서원을 발하여 보십시오. 관세음보살님의 광대원만 무애대자비가 반드시 '나'와 함께할 것이니….

관음의 여러 명호에 귀의합니다

나무관세음보살마하살 　南無觀世音菩薩摩訶薩

나무대세지보살마하살 　南無大勢至菩薩摩訶薩

나무천수보살마하살 　　南無千手菩薩摩訶薩

나무여의륜보살마하살 　南無如意輪菩薩摩訶薩

나무대륜보살마하살 　　南無大輪菩薩摩訶薩

나무관자재보살마하살 　南無觀自在菩薩摩訶薩

나무정취보살마하살 　　南無正趣菩薩摩訶薩

나무만월보살마하살 　　南無滿月菩薩摩訶薩

나무수월보살마하살 　　南無水月菩薩摩訶薩

나무군다리보살마하살 　南無軍茶利菩薩摩訶薩

나무십일면보살마하살 　南無十一面菩薩摩訶薩

나무제대보살마하살 　　南無諸大菩薩摩訶薩

나무본사아미타불 　　　南無本師阿彌陀佛 (3번)

　이 명호에 대한 글을 쓰기에 앞서 저는 이 열세 분의 명호를 수십 차례 읽었습니다. 그리고 이 글을 쓰기 시작했습니다. 이 열세 분의 명호는 천수경의 모본이 된 『천수천안관세음보살 광대원만무애대비심다라니경』 속의 다음 구절에 근거를 둔 것입니다.

"이렇게 발원한 다음 지극한 마음으로 저의 이름을 부르면서 생각하고, 본사 아미타불의 명호를 마음 모아 부른 뒤에 신묘장구대다라니를 외우면, 고난이 사라지고 생사의 중죄가 소멸되옵니다."

이 경문에서의 '발원'이란 바로 앞에서 살펴본 관음행자의 십대원과 육향육서의 원입니다. 이미 자비심 깊은 원들을 발하였으니, 이제 관세음보살님의 여러 명호와 본사아미타불의 명호를 마음 모아 부르라고 하신 것입니다.

이 열세 분의 명호 앞에는 '**나무**'를 붙여 놓았는데, 이는 '귀의합니다'라는 뜻이고, 뒤의 '**마하살**'은 '대중大衆', 곧 한 보살님이 거느리고 있는 권속들이라는 뜻입니다. 따라서 '**나무~보살마하살**'이라 하면 '**~보살님과 그 권속 모두에게 귀의합니다**'라는 뜻이니 참고하시기 바랍니다.

그런데 현존하는 불경 중에는 이 열세 분의 명호가 동시에 나오고 있는 경전은 없습니다. 그리고 대륜보살과 만월보살의 이름 또한 어디에서도 찾을 수가 없었습니다. 또 6관음 중 천수·여의륜·십일면관음의 이름은 등장하는데, 준제·마두·불공견삭관음의 이름은 없습니다.

따라서 천수경을 엮은 이 땅의 큰스님이 특별한 의도

를 지니고 우리나라에서 크게 모셔진 바 없는 준제·마두·불공견삭관음은 제외하였고, 이름 속에서 특별한 의미를 지니고 있는 대륜·만월·수월·군다리보살 등을 일부러 넣은 것이 아닌가 하는 추측을 해봅니다.

결국 이들 이름은 관세음보살님께서 지니고 계신 능력을 중생의 바라는 바에 맞추어서 여러 가지로 표현한 것이며, 이 모두가 대우주법계의 대자비요 대지혜 자체인 관세음보살의 다른 이름임을 잊어서는 안 됩니다. 이제 이들 이름 하나하나에 대해 살펴봅시다.

나무관세음보살마하살 南無觀世音菩薩摩訶薩
나무대세지보살마하살 南無大勢至菩薩摩訶薩

12명호 중 가장 먼저 나오는 관세음보살과 대세지보살 두 분은 극락정토의 아미타불 좌우에 계신 양대보살이며, 경전에는 이 두 분이 무수한 생애 동안 형제로 지냈고, 함께 보살행을 닦은 것으로 묘사되어 있습니다.

두 분 중 **관세음보살**의 '관세음觀世音'은 '세상의 모든 소리를 관한다, 살핀다'는 뜻입니다. 이 뜻과 같이 관세음보살님은 중생들의 마음속 소리를 듣고 그 소리에 응하여 답을 주시고, 마음속 고통의 소리를 듣고 괴로움을 벗을 수 있게 해주는 분입니다.

소리. 이 세상의 소리에는 파장이 있습니다. 관세음보살님께서는 중생들이 '관세음보살'을 찾으며 마음의 소리 파장을 일으킬 때, 그 소리 파장을 마음으로 관하여 답을 하고 가피를 내려주기 때문에 '관세음'이라는 명호를 얻게 된 것입니다. 관세음보살님에 대해서는 앞에서 상세히 이야기하였으므로 더이상의 설명은 생략합니다.

대세지보살은 아마타불의 우보처右補處, 곧 아미타불을 오른쪽에서 돕고 받드는 보살로서, 아미타불의 대자비를 발현하는 관세음보살과 함께, 아미타불의 대지혜를 발현하고 있습니다.

『관무량수경』에는 "지혜의 광명으로 중생을 비추어 삼악도를 떠나고 위없는 힘을 얻게 하므로 '대세지大勢至'라 이름한다"고 하였으며, "이 보살이 손을 한 번 들고 발을 한 번 디디면 대지가 크게 진동하며, 연화좌에 앉아 묘법妙法을 설하여 고통받는 중생을 구제한다"고 하였습니다.

또 『능엄경』에 의하면, 대세지보살은 중생들에게 염불삼매念佛三昧를 가르치고, 사바세계에서 염불하는 사람을 영접하여 극락정토로 데리고 간다고 하였습니다.

이 대세지보살님은 우매한 중생을 자애롭게만 대하는 관세음보살님과 달리, 위덕과 위엄 있는 모습을 나투어

중생들을 제도합니다. 마치 아이들을 자애롭게만 키우면 버릇없는 아이가 될 수 있기 때문에, 때로는 대세지보살님의 엄격한 위덕과 위엄을 나타나게 하는 것입니다.

그러므로 우리는 관세음보살님의 무한한 자비심에 귀의함과 동시에 그릇됨을 막는 대세지보살의 위덕과 위엄에 귀의하여, 스스로의 불성 속에 갖추어져 있는 자비심과 위덕을 일깨워야 할 것입니다.

나무천수보살마하살 南無千手菩薩摩訶薩

이 **천수보살**은 천수경의 주인공인 천수천안관세음보살을 줄여서 호칭한 것입니다. 이 천수관음에 대해서는 앞의 글에서, 그리고 『관음신앙·관음기도법』(김현준 지음, 효림)에서 상세히 설명하였으므로 간략히 매듭짓겠습니다.

천 개의 손인 천수千手는 대우주법계에 가득차 있는 자비의 손길입니다. 가족을 비롯하여 친구·동료·사회·인류를 살리는 손, 베푸는 손, 사랑의 손, 함께 나누는 손, 서로를 돕는 손 등이 바로 천수관음의 천수요, 우리의 불성 속에 간직되어 있는 무한능력을 발휘하는 손입니다.

또한 우리가 마음의 눈으로 다양한 대상들을 보면서 자비심을 열면 천 개의 눈, 곧 천안千眼이 갖추어집니다.

우는 아이를 보면서 자비심을 열고, 힘없는 노인을 보면서 자비심을 열고, 불량 청소년에게, 힘들게 사는 남편과 아내와 아이들에게 자비심을 열어서 사랑하고 이해하고 함께하면, 어느덧 천 개의 눈이 열리게 되고, 천수천안관세음보살님과 함께하게 됩니다.

나무여의륜보살마하살 南無如意輪菩薩摩訶薩

여의륜관음은 6관음 중의 하나로, 여의如意는 '뜻과 같이 되게 한다'는 뜻입니다. 이 여의륜보살은 여의삼매如意三昧 속에 있으면서 항상 법륜法輪을 굴려 중생을 교화함과 동시에, 부귀·권력·지혜 등의 모든 염원을 성취시켜주는 것으로 신앙되고 있습니다.

곧 여의륜관음은 우리에게 세간의 재물과 출세간의 재물을 동시에 만족시켜주는 분인데, 돈·권력·명예가 세간의 재물이요, 진리를 성취할 수 있게 하는 지혜智慧가 출세간의 재물이라고 합니다.

여의륜관음은 팔이 여섯 개인 좌상坐像으로 모시는 경우가 대부분인데, 오른쪽 위의 손은 뺨에 대고 중생 구제의 방법을 생각하는 사유상을 취하고 있으며, 가운데 손에는 여의보주, 아래쪽 손에는 염주를 쥐고 있습니다. 왼쪽 맨아래 손은 땅을 짚고 있고, 가운데 손은 연꽃, 위쪽 손은 법륜을 쥐고 있습니다.

이 여섯 개의 팔은 육도六道를 윤회하는 중생들을 제도함과 동시에, 육바라밀을 닦게 한다는 것을 보여주고 있습니다.

중생의 뜻대로 세간의 재물과 출세간의 재물을 성취시켜주고 법륜을 굴리는 여의륜보살. 과연 어떻게 하여야 여의륜보살이 될 수 있을까?

부처님을 잘 모시고 불법승 삼보를 잘 받들면서 내 속의 자비심을 자꾸자꾸 발현시키면 나도 여의륜보살이 될 수 있습니다. 억지로 하는 행이 아니라, 행하는 그대로가 중생들의 이익과 함께하게 되면 저절로 여의륜보살의 마하살이 되는 것입니다.

나무대륜보살마하살 南無大輪菩薩摩訶薩

대륜보살의 대륜大輪은 큰 바퀴입니다. 이 세상에는 몇 가지 큰 바퀴가 있습니다. 위대한 성군인 전륜성왕轉輪聖王이 굴리는 금륜金輪과 부처님과 대보살님이 굴리는 법륜法輪, 무상살귀無常殺鬼가 중생을 육도윤회하게 만드는 업륜業輪이 있습니다.

전륜성왕이 천하를 통일할 때가 되면 금륜이 성왕의 궁전 앞 허공에 나타나는데, 순금으로 만들어진 바퀴에는 1천 개의 바큇살이 달려 있습니다. 왕이 금륜을 보고 '동쪽으로 바르게 굴러가라'고 명하면 바퀴가 저절로 회전하며 앞으로 나아가고, 동쪽의 작은 왕들은 금륜을 보는 순간 대왕 앞에 나와 항복하고 금은보화를 바치면서 환영합니다. 대왕은 다시 남쪽과 서쪽과 북쪽의 여러 나라를 금륜을 앞세우고 순시하여, 피 한 방울 흘림이 없이 천하를 통일하고 정법세상을 만든다고 합니다.

이에 비해 부처님과 대보살님은 큰 법륜을 굴려 일체중생을 교화합니다. 진리의 수레바퀴인 법륜을 굴려 번뇌로 가득차 있는 중생에게 영원하고 행복하고 자유롭고 맑은 삶의 길을 열어주시는 것입니다.

하지만 불보살님의 법륜은 모양이 없습니다. 오직 진리〔法〕 그 자체의 몸이 되어 다함없는 법력法力으로 법의 수레바퀴를 굴려, 금력과 권력 속에서 허덕이는 중생을 진리의 세계, 법의 세계 속으로 이끌어 들여서 자유롭고 행복하게 살 수 있게끔 하시는 것입니다.

우리가 지금 염하는 대륜관음보살의 법바퀴는 매우 큰 바퀴입니다. 소승적인 바퀴가 아니라, 중생 모두를 위하는 대승의 법바퀴요, 마침내 대승을 성취하게 만드는 큰 법바퀴입니다.

그리고 그 바퀴가 크다고 하였지만, 실은 '크다·작다'

는 상대적인 개념을 초월한 바퀴입니다. 모든 상대적인 개념을 벗어나 오로지 베풀고 구하고 대해탈의 법륜을 굴리는 분이 대륜관세음보살인 것입니다.

나무관자재보살마하살　南無觀自在菩薩摩訶薩

관자재보살의 관자재觀自在는 '관하는 것이 자유자재하다'는 뜻입니다. 대우주법계와 한몸인 관세음보살님은 이곳저곳을 돌아다니며 중생의 아픔을 살피는 것이 아니라, 한 자리에 가만히 계시면서도 대법계 전체를 꿰뚫어 봅니다.

관세음보살님은 멀리 보타락가산에 계시다가 중생의 신음소리를 듣고 이곳에 오시는 것이 아닙니다. 그분에게는 이미 너와 나가 하나요 여기와 저기가 따로 있는 것이 아니기 때문에, 시간과 공간을 넘어서서 자유자재롭게 중생의 고통을 관찰하고 그들에게 행복과 평온함을 베풀 수 있습니다. 그래서 관자재보살이라 하는 것입니다.

관자재보살에 대해서는 '천수천안 관자재보살 광대원만 무애대비심'을 풀이할 때 상세히 설명하였으므로 (pp.55~57) 여기에서는 해설을 마치겠습니다.

나무정취보살마하살 南無正趣菩薩摩訶薩

80권 『화엄경』을 보면, 선재동자가 구법의 길을 떠나 관세음보살 다음의 29번째로 만나는 선지식이 정취보살임을 알 수가 있습니다. 그러나 여기에서는 꼭 그 보살님을 지칭하는 것이 아닙니다.

정취正趣는 '바르게 나아간다'는 뜻입니다. 관세음보살님께서는 모든 중생의 소원과 함께하지만, 삿된 길이나 그릇된 길과는 함께하지 않습니다. 언제나 바른길로 나아가는 것에 초점을 맞추고 계십니다.

공부를 하고 기도를 하는 이들로 하여금 방편으로 둘러 가게는 할 수 있어도, 결국은 그것이 씨앗이 되어 정도正道로 나아가게 하고 정법正法으로 돌아가게 만드는 분입니다. 그래서 관세음보살님을 정취보살이라고 한 것입니다.

따라서 '나무정취보살마하살'을 염할 때는 밝고 바른길로 나아가 정법을 성취하겠다는 원을 발함이 좋습니다.

나무만월보살마하살 南無滿月菩薩摩訶薩
나무수월보살마하살 南無水月菩薩摩訶薩

관세음보살님이 어두운 밤길을 밝혀주는 보름달과 같은 분이기 때문에 **만월보살**이라고 한 것입니다.

깜깜한 밤길을 걸어 보십시오. 한 치 앞이 보이지 않고, 한 발자욱 내딛기가 불안합니다. 그런데 보름달빛이 비치는 날은 어떻습니까? 능히 앞으로 나아갈 수 있고 근심걱정들이 말끔히 사라집니다.

더군다나 둥근 만월을 보면 모두가 좋아합니다. 엄청나게 밝은 해는 눈이 부시다며 바로 보지를 않고 싫어하는 이가 있지만, 만월은 싫어하는 이가 없습니다. 그리고 만월을 보면서 소원의 원만성취를 기원합니다. 어찌 관세음보살님을 만월보살이라 칭하지 않을 수 있겠습니까?

수월水月은 물속의 달입니다. 하늘에 떠 있는 하나의 만월은 천강유수천강월千江有水千江月이 됩니다. '물이 있는 일천 개의 강에 일천 개의 달이 있다'는 것입니다.

강만이 아닙니다. 이 그릇에 물을 담으면 이 그릇 속에 하나의 만월이 비치고, 저 그릇에 물을 담으면 저 그릇 속에 하나의 만월이 비칩니다. 작은 접시 물에도 큰 호수에도 달이 하나씩 비칩니다. 이것이 수월입니다.

관세음보살님은 이 수월과 같아서 어디에서나 같은 모습을 나타냅니다. 큰 중생 작은 중생을 가리지 않습니다. 업이 많고 적음도 가리지 않습니다. 간절하게 찾으면 모든 중생에게 똑같이 원만하고 자비로운 모습을 나타냅니다.

이러한 관세음보살이기에 '나무만월보살마하살 나무수월보살마하살'이라며 귀의하는 것입니다.

나무군다리보살마하살 南無軍茶利菩薩摩訶薩

범어인 **군다리**Kundali는 감로병甘露瓶으로 번역됩니다. 관세음보살님께서는 한 손에 감로병을 들고 계시며, 그 감로병에 초점을 맞추어서 군다리보살이라 한 것입니다.

이 감로병은 모든 중생들의 괴로움을 없애주는 감로수를 담은 자비의 상징물인데, 써도써도 다함이 없는 감로수는 모든 병을 낫게 해주고 청량을 안겨주는 불사不死의 영약입니다.

또한 이 감로수는 우리를 잘못된 길로 나아가게 하는 삿된 것들을 씻어 내고, 모든 열기와 번뇌를 가라앉혀 주며, 우리로 하여금 찬란한 광명과 쾌적하고 맑은 삶을 살게끔 만들어줍니다. 그래서 우리는 관세음보살님의 감로수를 생각하며 '나무군다리보살마하살'이라 하는 것입니다.

나무십일면보살마하살 南無十一面菩薩摩訶薩

십일면보살은 칠관음 중의 하나인 '십일면관세음보살'

의 줄인 이름입니다. 관세음보살의 본래 얼굴 말고, 머리 위에 또다시 열한 가지 모습의 얼굴을 나타내고 있기 때문에 이와 같은 이름을 얻게 된 것입니다.

11면 속에는 자애로운 모습·화난 모습·위엄 띤 모습·미소 짓는 모습·폭소하는 모습 등이 두루 갖추어져 있습니다. 어른들이 아이를 키울 때 칭찬·꾸중·격려·분노 등의 여러 모습을 나타내어 참된 인간을 만들어주듯이, 관세음보살님도 여러 가지 표정으로 우리를 제도하여 바른길로 인도하시는 것입니다.

이 11면은 자慈·비悲·희喜·사捨의 4무량심四無量心을 얼굴 표정으로 표현한 것으로, 깊은 가르침이 담겨 있습니다.(여기에서는 지면관계로 생략합니다. 『관음신앙·관음기도법』(김현준 지음, 효림) pp.74~84을 참조하시기 바랍니다.)

나무제대보살마하살 南無諸大菩薩摩訶薩

이제 개별적인 특징에 따라 이름 붙여진 관세음보살님에 대한 귀의를 끝내고 제대諸大, 곧 모든 보살님께 귀의하는 순서입니다.

모든 보살에 대한 귀의! 여기에 불법의 특이함과 소중함이 있습니다. 관세음보살님을 믿는다고 하여 관세음보살께만 귀의할 것을 불법은 강요하지 않습니다. 문수·

보현·지장·미륵보살 등 우리가 존경하고 배울 것이 있는 모든 보살님께도 당연히 귀의할 것을 가르치고 있습니다.

나아가 힘이 있던 힘이 없던 자리이타自利利他와 자각각타自覺覺他의 길을 걷는 모든 보살도 귀의의 대상이 되며, 더 확대하면 일체중생 모두가 귀의의 대상이 됩니다. 우리의 근본 불성자리에서 보면 불보살 아닌 중생, 부처가 되지 않을 중생이 하나도 없기 때문입니다.

모든 보살과 모든 중생이 관음과 다를 바 없음을 뜻하는 '나무제대보살마하살'. 일체보살과 일체중생에게 지성귀의하라는 '나무제대보살마하살'. 참으로 멋진 표현이요 멋진 끝맺음이라 하지 않을 수 없습니다.

나무본사아미타불 南無本師阿彌陀佛

천수경의 13명호에서는 마지막으로 관세음보살의 근본스승인 아미타불께 세 번의 지성귀의를 표합니다.

관세음보살상이나 그림을 보면 머리에 쓰고 있는 보관의 중앙에 부처님이 묘사되어 있는데, 이 부처님이 바로 서방 극락정토의 교주인 **아미타불**입니다. '아미타불을 세세생생 언제나 받들고 함께할 근본스승으로 삼겠다'는 원을 발하였기 때문에 아미타불을 머리 위에 모시고 계신 것입니다.

그런데 왜 관세음보살님은 아미타불을 **본사**本師로 삼으신 것인가?

'아미타'를 범어로 표기하게 되면 아미타유스Amitayus와 아미타바Amitabha의 두 가지로 쓰여집니다. 이 중 아미타유스는 한량없는 수명을 뜻하는 무량수無量壽로 번역되고, 아미타바는 한없이 밝은 빛을 뜻하는 무량광無量光으로 번역됩니다. 바로 아미타불이 영원한 생명력인 무량수불이요, 모든 것을 밝게 만드는 한량없는 광명인 무량광불이기 때문에 근본 스승으로 삼은 것입니다.

영원한 생명력인 무량수불, 모든 어두움을 순식간에 없애주는 무량광불.

바로 아미타불은 관세음보살의 근본 스승만이 아니라, 모든 존재의 근본 스승입니다. 관세음보살님께서는 마지막으로 '나무본사아미타불'을 부르면서, 아미타불께 귀의하고 아미타불의 가피를 입어 우리의 근본 자리로 되돌아갈 것을 천명하고 계신 것입니다.

이 13명호의 불보살님은 바로 우리들 자신입니다. 우리와 결코 동떨어진 이름들이 아닙니다.

관음행자들이여, 천수행자들이여. 이 13명호를 외우며

① 중생의 소리를 관하는 관세음보살이 되고

② 세상구제의 큰 힘을 지닌 대세지보살이 되고

③ 모든 중생을 살리는 천수보살이 되고

④ 뜻과 같이 이루는 여의륜보살이 되고

⑤ 큰 법륜을 굴리는 대륜보살이 되고

⑥ 관하는 것이 자재로운 관자재보살이 되고

⑦ 늘 바른쪽으로 나아가는 정취보살이 되고

⑧ 맑고 밝고 원만한 만월보살이 되고

⑨ 모든 이에게 만월을 선사하는 수월보살이 되고

⑩ 고난을 없애주는 감로의 군다리보살이 되고

⑪ 갖가지 모습으로 교화하는 십일면보살이 되고

⑫ 일체 중생들과 함께하는 제대보살이 되고

⑬ 마침내는 영원한 생명력을 회복하고 무량한 빛을 뿜
어내는 아미타부처님이 되고자 하십시오.

반드시 우리는 그렇게 될 수 있습니다.

천수경을 외우는 불자들이여, 부디 이들 열세 분의 명
호 속에 깃든 뜻을 잘 참구하고 염송하시어, 관세음보살
님의 무한자비와 아미타불의 영원생명을 꼭 체득하게 되
옵기를 두 손 모아 축원드립니다.

나무 광대원만 무애대비 관세음보살.

신묘장구대다라니

대다라니의 공덕

이제 우리는 관세음보살님의 지혜와 자비와 위신력, 그리고 관세음보살님의 여러 가지 모습을 담은 천수경의 핵심 부분인 신묘장구대다라니를 살펴볼 차례에 이르렀습니다.

『대비심다라니경』을 보면, 관세음보살님께서는 신묘장구대다라니를 설하기 전에 석가모니부처님 앞에서 맹세를 하고 있습니다.

이 신묘장구대다라니를 지송하고도 삼악도에 떨어지거나, 원하는 불국토에 태어나지 못하거나, 무량한 삼매와 대자재를 얻지 못한다면, '맹세코 저는 정각을 이루지 않겠나이다.'

나아가 『대비심다라니경』에는 이 다라니를 외우면 현생에서 구하는 바를 능히 얻을 수 있고, 십악죄와 오역죄 등 매우 나쁜 죄를 지어 업장을 쌓았을지라도 그 죄업을 소멸하지 못함이 없다고 하셨습니다.

또한 관세음보살님께서는 대다라니를 설하시기 바로 전에 15가지 좋은 삶과 15가지 나쁜 죽음에 대해 이야기하고 있습니다.

> "세존이시여, 모든 인간과 천인이 이 대비심주를 지송하면 열다섯 가지 좋은 삶[十五種善生]을 누리고, 열다섯 가지 나쁜 죽음[十五種惡死]을 받지 않게 되옵니다."

이 가운데 15가지 나쁜 죽음은 그만두고 15가지 좋은 삶만을 열거하겠습니다. 대다라니를 외우면 좋은 삶만 가득할 것이요, 좋은 삶만이 충만하면 나쁜 죽음이 결코 다가설 수 없기 때문입니다.

열다섯 가지 좋은 삶이란
① 태어나는 곳마다 훌륭한 통치자를 만나고
② 늘 좋은 나라에 태어나고
③ 늘 좋은 시절을 만나고

④ 늘 어진 벗을 만나고

⑤ 눈·귀 등 모든 기관의 기능이 뛰어나고

⑥ 도심道心이 잘 자라고

⑦ 계율을 범하지 않고

⑧ 모든 권속이 은혜와 의리를 알고 화평·순수하며

⑨ 살림살이·재물·음식이 늘 풍족하고

⑩ 항상 다른 사람의 공경과 보살핌을 받고

⑪ 재물을 타인에게 빼앗기지 않고

⑫ 구하는 바가 뜻과 같이 이루어지고

⑬ 천룡天龍 등의 선신들이 항상 옹호하고

⑭ 태어나는 곳마다 부처님을 만나 법문을 듣고

⑮ 들은 바른 법문을 통해 깊은 이치를 깨닫게 됩니다.

좋은 나라에 태어나 훌륭한 통치자를 만나고, 좋은 시절에 어진 벗들과 함께 풍요롭고 바르고 평화롭게 살면서 뜻하는 바를 이루고, 부처님의 법문을 들으며 도를 닦고 마침내는 깨달음을 이루는 삶. 이것보다 더 좋은 삶이 어디에 있겠습니까?

신묘장구대다라니를 외우면 바로 이러한 삶을 누릴 수 있게 된다고 하신 것입니다.

하지만 여기에도 한 가지 덧붙임이 있습니다. 관세음보

살의 대비심과 신묘장구대다라니의 위신력에 대한 "의심만은 내지 않아야 한다"는 것으로, 의심하는 자는 작고 가벼운 죄업도 결코 소멸하지 못하고 소원성취도 요원해진다고 하셨습니다.

자, 이제 우리는 어떻게 해야 할까요? 간단합니다. 자비심을 발하면서 의심 없는 굳건한 믿음으로 신묘장구대다라니를 외우거나 쓰면 됩니다. 이렇게만 하면 틀림없이 일체 재앙과 업장이 소멸되고 심중소원이 성취되며, 15가지 좋은 삶까지 능히 누릴 수 있습니다.

과연 이것이 어렵습니까? 결코 아닙니다. 관세음보살과 신묘장구대다라니를 굳게 믿으십시오. 흔들림 없는 신심으로 의심 없이 기도하면 틀림없이 원을 성취하게 될 뿐 아니라, 기적과 같은 체험도 능히 할 수 있게 됩니다.

결코 다른 요구는 없습니다. 신심! 관세음보살님의 요구는 오직 신심입니다. 그리고 이기심이 아닌 자비심입니다. 깊은 신심이면 관세음보살님의 대자비심과 관세음보살님의 약속, 신묘장구대다라니의 위신력을 능히 움직여 우리의 원하는 바를 꼭 이룰 수 있게 됩니다.

그리고 지금은 비록 현실적이요 이기적인 기도를 할지라도, 열 가지 원과 육향육서를 기억하면서 마음의 문을 열어 가면, 이기심이 있던 자리가 자비심으로 채워지면서 대우주의 크나큰 안락과 무한 능력이 나와 함께한다는 것입니다.

정녕 이러할진대 어찌 신심과 자비심을 품고 신묘장구대다라니 기도를 하지 않을 것이며, 기도를 하여 원성취는 물론이요 무한 행복을 이루는 불자가 되지 않을 것입니까?

다라니는 번역하면 안되는가

이제 관세음보살님께서 설하신 신묘장구대다라니의 뜻풀이를 하고자 합니다.

『대비심다라니경』에서 15종 선생善生까지를 설하신 관세음보살님께서는 드디어 대중들을 향해 합장을 하고서서, 얼굴 가득히 대자비의 미소를 머금고 신묘장구대다라니를 설하기 시작합니다.

'신묘장구대다라니神妙章句大陀羅尼'는 '신기하고 미묘한 내용을 담고 있는 큰 다라니'라는 뜻으로, 중생의 소견으로는 측량하기 어려운 불가사의한 힘과 능력과 신비로움이 갖추어져 있다고 합니다.

그런데 밀교가 완전히 정착되지 못했던 우리나라에서는 다라니들을 해석하지 않았습니다. 왜냐하면 다라니의 뜻을 완벽하게 해석하는 것은 불가능하고, 잘못 해석을 하게 되면 오히려 본래의 뜻에서 더 멀어지게 된다는 이유에서였습니다.

그리하여 다라니의 뜻을 밝히기보다는 다라니가 지닌 신비로운 능력을 더 강조하여 왔습니다. 뜻을 알 수는 없지만 큰 힘이 작용하여 소원을 이루게 해주므로 무조건 외우면 된다는 것입니다.

실로 이 신묘장구대다라니의 내용을 전혀 모른 채 무조건 독송하고 무조건 사경하여 이룬 영험담은 너무나 많습니다. 오히려 다라니의 이러한 능력이 언론 매체까지 궁금하게 만들어, 한 TV 방송국에서는 신묘장구대다라니 속에 과연 신비로운 힘이 간직되어 있는지를 시험한 일이 있었습니다.

곧 한 그릇의 물을 컵 두 개에 옮겨 담은 뒤, 한 컵은 그대로 두고 다른 컵을 향해 신묘장구대다라니를 세 번 읽었습니다. 그리고 두 컵의 물을 수질검사하였더니, 과연 대다라니를 외운 컵의 물이 사람의 몸에 훨씬 좋은 성분으로 변한 것입니다.

대다라니의 신묘한 힘은 물의 성분만 변화시키는 것이

아닙니다. 우리의 뇌세포도 변화시킬 수 있고, 불치의 병도 치유할 수 있으며, 불행을 행복으로 바꾸어 놓을 수 있습니다. 이 대다라니가 대자비의 언어이기 때문에 특히 더 큰 힘을 발휘한다는 것입니다.

그러나 이 대다라니의 뜻을 알고 외울 때 신심이 더 나고 기도를 더 잘한다는 사람들도 많습니다. 특히 요즘 사람들은 그렇습니다.

우리나라에서 이 다라니를 해석하지 않았던 것은 순수밀교가 이 땅에 정착되지 못하였고, 범어를 아는 스님이 아주 드물었기 때문이었습니다. 그러나 순수밀교가 한 종파로 확립되었던 일본이나 중국에서는 다라니에 대해 구체적으로 해석을 하고 알려줌으로써, 다라니를 외우는 이들의 신심을 더욱 깊게 만들었습니다.

이제 시대가 바뀌었으니 우리도 이 신묘장구대다라니를 해석하여, 그 속에 담겨 있는 내용이 무엇인지를 대충이라도 파악해 보는 것이 좋을 듯합니다. 특히 관세음보살님의 대자비관大慈悲觀을 익히고자 하는 분이라면, 막연히 음만을 익히기보다는 다라니 속에 깃든 뜻을 대충이라도 이해하고, 독경·사경 및 관觀을 하게 되면 훨씬 더 큰 가피를 입을 수 있습니다.

하여 독경·사경과 신행생활에 도움이 되었으면 하는

바람을 품고, 신묘장구대다라니를 여러 문단으로 나누어 번역해 보겠습니다. 그러나 너무 상세한 번역은 하지 않겠습니다. 왜냐하면 상세한 번역이 오히려 우리를 더 산란하게 만들 수 있기 때문입니다.

한 가지 더 밝혀 둘 것은 이 다라니의 범어 원문은 그대로 남아 있는데, 그 원문과 현재 우리나라에서 유통되고 있는 대다라니의 발음이 크게 다르다는 것입니다. 조금만 예를 들어보겠습니다.

(현재음) 나모라 다나다라 야야 나막알약 바로기제 새바라야
모지사다바야 마하사다바야 마하가로니가야
(원음) 나모라 트나트라 야야 나마하리야 바로기테스바라야
보디사트바야 마하사트바야 마하가루니가야

이와 같이 된 까닭은 범어(산스크리트) 다라니를 한문으로 음역音譯 하는 과정에서 일부가 중국식 발음으로 변하였고, 그것을 다시 우리말로 바꾸는 과정에서 또다시 변하였기 때문입니다. 곧 번역의 과정에서 인도의 범어와 발음상으로 많은 차이를 보이게 된 것입니다. 그러나 크게 신경 쓸 바는 아니라 판단됩니다.

그리고 다라니를 해석하기에 앞서 한 가지 용어부터

풀이하겠습니다. 다라니 속에는 '니라간타', 곧 푸른 목〔靑頸〕이라는 단어가 몇 차례 등장하는데, 이는 목숨을 아끼지 않고 중생을 구제한 관세음보살님의 대자비행에서 유래된 단어입니다.

어느 때 아주 강한 독을 지닌 거대한 독사가 푸른 독을 내뿜어 수많은 중생을 죽이고자 하였는데, 관세음보살님께서는 중생들을 구하기 위해 그 독을 남김없이 흡입하였습니다. 그리고 그 맹독이 외부로 나가는 것을 막기 위해 당신의 목 부분에 간직하였으므로 관세음보살님의 목이 푸른색으로 바뀌었다는 것입니다.

중생을 위하는 관세음보살님의 대자비가 얼마나 큰 지를 알게 해주는 상징적인 단어가 '니라간타(청경)'라는 것을 기억하면서, 함께 신묘장구대다라니를 해석해 봅시다.

신묘장구대다라니 풀이

신묘장구대다라니 神妙章句大陀羅尼
① 나모라 다나다라 야야
　· 삼보에 귀의하옵니다.
② 나막알약 바로기제 새바라야 모지사다바야

· 성스러운 관세음보살님께 귀의하옵니다.

③ 마하사다바야 마하가로니가야

· 대보살님이시여, 대자비의 님이시여

④ 옴 살바 바예수 다라나 가라야

· 일체의 두려움을 없애주는 님이시여

⑤ 다사명 나막까리다바 이맘알야 바로기제 새바라
다바

· 귀의하오니 성관음이시여, 위신력을 나타내소서.

⑥ 니라간타 나막하리나야 마발다 이사미
· 푸른 목〔靑頸〕을 갖게 된 그 마음에 귀의하오니

⑦ 살발타 사다남 수반 아예염

· 일체를 이롭게 하는 그 마음으로

⑧ 살바 보다남 바바말아 미수다감

· 윤회의 길을 청정하게 하옵소서.

⑨ 다냐타 옴 아로게 아로가 마지로가 지가란제

· 아, 온전한 광명과 지혜의 빛이 가득한 님이시여, 세간을
초월한 님이시여

⑩ 혜혜하례 마하모지 사다바

· 피안으로 인도하는 대보살님이시여

⑪ 사마라 사마라 하리나야

· 마음에 새기고 또 새기오니

⑫ 구로구로 갈마 사다야 사다야

· 꾸준히 업을 녹이고 능히 성취케 하옵소서.

⑬ 도로도로 미연제 마하미연제

· 승리하고 승리하신 대승리자시여

⑭ 다라다라 다린 나례 새바라

· 저희를 지켜주소서, 이 대지의 주인이시여

⑮ 자라자라 마라 미마라 아마라 몰제

· 부정함을 없애주소서. 청정하고 원만한 님이시여

⑯ 예혜혜 로계 새바라

· 오소서 오소서. 이 세간의 주인이시여

⑰-1. 라아 미사미 나사야

· 탐욕의 독을 없애주시고

⑰-2. 나베 사미사미 나사야

· 분노의 독을 없애주시고

⑰-3. 모하자라 미사미 나사야

· 어리석음의 독을 없애주소서.

⑱ 호로호로 마하호로 하례 바나마 나바

· 오, 대주재자시여. 연꽃의 마음을 가진 님이시여

⑲ 사라사라 시리시리 소로소로 못쟈못쟈 모다야모
다야

· 감로수를 베푸소서. 감로의 지혜광명과 감로의 덕을 베

풀어 저희를 깨닫게 하소서.

⑳ 매다리야 니라간타

· 자애로운 청경관음이시여

㉑ 가마사 낧사남 바라하라 나야 마낙 사바하

· 쾌락과 욕망을 넘어선 님이시여, 성취하게 하소서.

㉒ 싯다야 사바하

· 성취하신 님이시여, 성취하게 하소서.

㉓ 마하싯다야 사바하

· 크게 성취하신 님이시여, 성취하게 하소서.

㉔ 싯다 유예 새바라야 사바하

· 밝은 지혜 성취하신 관음이시여, 성취하게 하소서.

㉕ 니라간타야 사바하

· 청경관음이시여, 성취하게 하소서.

㉖ 바라하 목카 싱하 목카야 사바하

· 사자 같은 용맹을 지닌 관음이시여, 성취하게 하소서.

㉗ 바나마 하따야 사바하

· 연꽃을 든 관음이시여, 성취하게 하소서.

㉘ 자가라 욕다야 사바하

· 대법륜을 굴리는 관음이시여, 성취하게 하소서.

㉙ 상카섭나녜 모다나야 사바하

· 법라法螺를 부는 관음이시여, 성취하게 하소서.

㉚ 마하라 구타다라야 사바하
· 대금강저를 지닌 관음이시여, 성취하게 하소서.

바마사간타 이사시체다 가릿나 이나야 사바하
· 아미타불의 왼쪽에서 어두움을 물리치는 승리자시여, 성
  취하게 하소서.

먀가라 잘마 이바사나야 사바하
· 호피에 앉아 명상을 하는 관음이시여, 성취하게 하소서.

나모라 다나다라 야야 나막알야 바로기제 새바
라야 사바하 (3번)
· 삼보와 성스러운 관음보살께 귀의하옵니다. 꼭 성취하게
  하소서.

이상의 뜻풀이를 볼 때, 신묘장구대다라니가 승리자요
성취자요 구원자요 대자재한 관세음보살께 귀의하여 업
을 녹이고, 두려움 없는 청정한 삶을 이루고, 심중의 소
원을 꼭 성취하고자 하는 간절한 기원문이라는 것을 알
수 있습니다.

이제 신묘장구대다라니의 뜻을 알았으니 우리는 더욱
분발해야 합니다. 관세음보살님의 자비심에 더 가깝고
더 깊이 있게 다가가서, 신묘장구대다라니를 외우며 간
절한 우리의 마음을 밝혀야 합니다.

그리하여 탐진치 삼독을 없애고 일체의 두려움을 떨쳐 우리의 소원을 성취할 뿐 아니라, 지혜롭고 원만하고 자재로운 삶을 이루어 내어야 합니다.

　실로 이 대다라니를 지속적으로 외우게 되면 우리의 마음은 차츰차츰 대다라니의 참모습으로 바뀌게 됩니다. 한량없는 공덕을 갖춘 관세음보살의 마음으로 바뀌게 됩니다. 과연 그것이 어떠한 마음인가? 『대비심다라니경』에서는 다음과 같이 이야기하고 있습니다.

"대다라니의 참모습은
① 대자비한 마음이요 [大慈悲心 (대자비심)]
② 평등한 마음이요 [平等心 (평등심)]
③ 함이 없는 마음이요 [無爲心 (무위심)]
④ 염착이 없는 마음이요 [無染着心 (무염착심)]
⑤ 공을 관하는 마음이요 [空觀心 (공관심)]
⑥ 공경스러운 마음이요 [恭敬心 (공경심)]
⑦ 스스로를 낮추는 마음이요 [卑下心 (비하심)]
⑧ 잡됨과 산란함이 없는 마음이요 [無雜亂心 (무잡란심)]
⑨ 괴롭히거나 해침이 없는 마음이요 [無惱害心 (무뇌해심)]
⑩ 잘못된 소견에 집착함이 없는 마음이요 [無見取心 (무견취심)]
⑪ 위없는 깨달음의 마음입니다. [無上菩提心 (무상보리심)]

이러한 마음들이 이 다라니의 참모습이니, 반드시 이에 의지하여 수행해야 합니다."

우리가 신묘장구대다라니를 열심히 읽거나 쓰면서 수지受持하게 되면 앞의 열한 가지 마음을 성취하게 된다는 것입니다. 이 얼마나 희망찬 가르침입니까?

이 열한 가지 마음은 관세음보살님의 참마음이요 신묘장구대다라니의 참모습으로, 대다라니를 열심히 외우고 사경하면 우리 또한 능히 이 열한 가지 마음을 갖출 수 있게 됩니다.

하지만 저절로 갖추어지기만을 바랄 것은 아닙니다.

신묘장구대다라니 기도를 하는 '나' 스스로가 자비로워지고자 하고, 평등심을 갖고자 노력하고, 집착 없는 무위심을 기르고, 공을 관하며 살고, 공경과 하심과 산란함이 없는 마음, 그리고 무상보리심까지의 열한 가지 마음을 불러일으키며 살고자 노력하면, 우리는 훨씬 더 빨리 관세음보살님과 하나가 될 수 있고, 신묘장구대다라니의 위신력을 얻을 수 있으며, 크나큰 깨달음을 이룰 수 있게 됩니다.

불자들이여, 간절히 청하옵건대, 천수경 기도와 신묘장

구대다라니 기도를 열심히 해 보십시오. 천수관음께서는 우리에게 일체의 재앙과 두려움을 물리쳐줄 뿐 아니라 우리의 심중소원을 꼭 이루어주십니다. 그리고 마침내 는 대비심·평등심·무위심·무염착심·공경심·무상보리심 등의 마음을 갖추게 하고, 우리를 가장 지혜로운 자리, 자재로운 자리, 위없는 깨달음의 자리에 이르게 하십니다.

정녕 이 좋은 가르침을 어찌 따르지 않을 것이며, 이 좋은 기도를 하지 않을 것입니까? 부디 이 기도를 통하여 뜻하는 바를 모두 성취하기를 두 손 모아 축원 드립니다.

나무 광대원만 무애대비 관세음보살.

제3장

기도 성취를 돕는 의례들

사방찬과 도량찬

사방찬

천수경의 시작인 '대다라니계청'부터 시작하여 '신묘장구대다라니'까지는 천수경의 모본인 『천수천안관세음보살 광대원만무애대비심다라니경』에 근거하여 구성한 것이고, 이 '사방찬'부터 끝까지는 찬탄·참회·권청·발원·귀의 등을 올곧게 행하게 하여 기도의 효과를 더할 수 있도록 후대에 첨가한 의식문들입니다. 그러므로 이제부터는 조금 간략히 해설토록 하겠습니다.

사방찬　四方讚
일쇄동방결도량　一灑東方潔道場
이쇄남방득청량　二灑南方得淸凉
삼쇄서방구정토　三灑西方俱淨土
사쇄북방영안강　四灑北方永安康

동방에 ~ 물 뿌리니 도량이 맑고
남방에 ~ 물 뿌리니 청량 얻으며
서방에 ~ 물 뿌리니 정토 이루고
북방에 ~ 물 뿌리니 평안해지네

이 사방찬은 '나'를 중심으로 삼아 동서남북 사방을 청정하게 만들고 찬탄하는 의식입니다. 무엇을 하여 사방을 맑고 청량하게 만들고, 정토를 이루고, 영원토록 건강하게 만드는가? 물! 물을 뿌려서 만듭니다.

통도사 극락암의 경봉鏡峰(1892~1982) 대선사께서는 1961년에 약수를 발견하고, 그 약수 앞에 친필로 '물에서 배울 일'을 적은 비석을 세웠습니다.

· 사람과 만물을 살려주는 것은 물이다.
· 갈 길을 찾아 쉬지 않고 나아가는 것은 물이다.
· 어려운 고비를 만날수록 더욱 힘을 내는 것은 물이다.
· 맑고 깨끗하여 모든 더러움을 씻어주는 것은 물이다.
· 넓고 깊은 바다를 이루어 많은 고기가 식물을 살리고 되돌아 이슬비…
사람도 이 물과 같이 우주 만물에 이익을 주어야 한다.

우리도 이 물처럼, 더러움을 씻어 내어 맑고 깨끗하게 만들고, 어려움을 만날수록 더욱 용기를 내면서 갈 길을 잘 찾아 나아가고, 나와 주변 사람과 만물에게 이로움을 주고 자꾸자꾸 살리며 살아가야 합니다.

정녕 물과 같이 이렇게 살진대, 어찌 내가 사는 이 도량이 맑아지고〔潔道場〕청량해지고〔得淸凉〕정토가 되고〔俱淨土〕영원히 편안한〔永安康〕땅이 되지 않겠습니까?

더욱이 지금 우리가 동서남북 사방으로 뿌리는 물은 보통의 물이 아닙니다. 우주의 대진리요 관세음보살님의 대자비가 가득한 신묘장구대다라니의 물입니다. 우리가 외운 대다라니의 힘으로 사방을 모두 청정하게 만들고 있으니 더 말할 것이 있겠습니까?

만약 마음이 답답하고 우울하면 기도를 하십시오. 속에 탐욕과 분노와 어리석음이 들끓고 있으면 기도를 하십시오. 나와 내 주위에 어렵고 힘든 일이 있으면 기도를 하십시오. 맺히고 굳어진 일이 있으면 기도를 하십시오.

기도를 하여 마음의 답답함과 번뇌들이 가라앉기 시작하면 차츰 정토가 갖추어지고〔俱淨土〕, '네 탓'이 아니라 '내 탓'이라고 하면서 내 업을 녹이고 내 자신을 맑혀 가면, '영원한 안락〔永安康〕'이라는 기적을 이루어 낼 수 있습니다.

물론 답답하고 우울한 것, 맺히고 굳어진 것이 금방 녹거나 쉽게 풀리지는 않을 것입니다. 그러나 관세음보살님의 대자비에 의지하면서 기도를 하다 보면, 자신도 모르게 기도에 깊이 빠져 하염없이 눈물을 흘리면서 '잘못했습니다' 또는 '감사합니다'를 외칠 때가 있습니다. 그리고 다음 순간, 맺히고 굳어진 것이 일시에 녹아내린 것처럼 몸과 마음이 시원해지면서 기도가 성취되는 것을 자주 보게 됩니다.

바로 이것입니다. 기도나 수행을 통하여 나와 내 주위를 맑히고 밝힐 때, 나와 내 주위의 사방찬이 저절로 이루어지는 것입니다.

결코 잊지 마십시오. 내 모든 문제의 발상지는 나입니다. 내 모든 문제의 해결지 또한 나입니다. 모든 매듭을 맺고 푸는 것은 이 거대한 우주의 중심에 있는 나의 마음에서 비롯됩니다.

'나의 모든 문제는 내가 풀겠다'는 마음을 가질 때 나의 마음은 광명을 발하기 시작하고, 기도 등을 행하면 그 광명이 점점 밝아져서, 맑고 청량한 도량과 길이 편안한 정토를 이룰 수 있습니다.

도량찬 속에 깃든 뜻은 결코 특별한 것이 아닙니다. 나와 주변에 얽혀 있는 매듭을 풀고 업장을 녹여, 참으로 맑고 밝은 세상으로 바꾸어 놓을 수 있는 존재는 바로 나라는 사실입니다.

내가 내 마음을 맑힐 때 주위가 맑고 청량해져서 도량으로 바뀌고, 내 마음이 맑아짐에 따라 주위가 차츰차츰 정토로 바뀌고 영원한 안락을 얻을 수 있다는 것입니다.

이것을 명심하면서 스스로가 사방을 맑히는 물이 되고자 하고, 그 물을 뿌려주십시오. 나를 둘러싸고 있는 가족·동료·이웃·자연 등을 향해 천수경과 신묘장구대다라니를 외우며 축원을 해주십시오. 틀림없이 내가 있는 이곳이 안락국인 극락정토로 바뀌게 될 것입니다.

도량찬

도량찬 道場讚
도량청정무하예 道場淸淨無瑕穢
삼보천룡강차지 三寶天龍降此地
아금지송묘진언 我今持誦妙眞言
원사자비밀가호 願賜慈悲密加護
온 도량이 청정하여 티끌 없으니
삼보 천룡 이 도량에 강림하시네

제가 이제 묘한 진언 외우옵나니
대자대비 베푸시어 가호하소서

우리는 이제까지 관세음보살님을 향한 계청啓請과 원願
과 관세음보살의 여러 명호와 신묘장구대다라니를 외우
고 물까지 뿌려서, '나'를 맑히고 사방을 청정하게 만들
었습니다. 그야말로 삼보님을 모실 만한 청정한 도량이
완성된 것입니다.

그래서 환희로운 마음으로, '더러움이 전혀 없는 청정
한 도량이 되었으니[道場淸淨無瑕穢], 삼보님과 천룡팔부
등의 신중들께서는 이 도량으로 내려오십사[三寶天龍降此
地]' 하는 청을 합니다.

그리고 '제가 이제 묘한 진언인 신묘장구대다라니를 지
성으로 외웠으니[我今持誦妙眞言], 대자비를 베푸시어 은밀
히 보살펴 달라[願賜慈悲密加護]'는 청을 하고 있습니다. 이
제 나의 할 바를 다하였으니 모든 것을 불보살님께 맡긴
다는 것입니다.

여기서 스스로 돌아보아야 할 것이 하나 있습니다. 그
것은 '보살펴 달라'고 자신 있게 말할 수 있을 만큼 정
성을 기울였는가 하는 것입니다. 분명 정성을 다하였다
면 틀림없이 불보살님의 가피가 임하여, 가깝게는 소원
을 성취하고, 궁극적으로는 부처의 자리로 나아갈 수 있

습니다.

우리는 결코 영원한 중생이 아닙니다. 감춰져 있는 여래인 여래장如來藏이요 불성佛性을 지닌 중생입니다. 그러므로 천수경과 신묘장구대다라니 기도를 통하여 나 자신과 주위를 맑히면서 깨달음의 세계로 나아가고자 하는 것입니다.

이를 잊지 마시고, 천수경과 신묘장구대다라니를 외우며 '나'라는 도량을 맑히고 밝혀, 스스로의 참된 모습인 여래를 찾고 부처를 이루는 노력을 게을리하지 말아야 합니다. 그리고 바로 그때 삼보님과 천룡팔부의 크나큰 가피가 함께하게 된다는 것을 꼭 명심하시기 바랍니다.

참회하옵니다

참회게

참회게 懺悔偈
아석소조제악업 我昔所造諸惡業
개유무시탐진치 皆由無始貪瞋癡
종신구의지소생 從身口意之所生
일체아금개참회 一切我今皆懺悔
지난 세월 제가 지은 모든 악업은
옛적부터 탐진치로 말미암아서
몸과 말과 생각으로 지었사오니
제가 이제 모든 죄업 참회합니다

　이제 천수경을 독송하는 불자들은 참회를 시작합니다. 무엇을 참회하는가? 나 스스로가 지은 모든 악업을 참회합니다. 그럼 그 악업은 언제부터 지은 것인가? 「참회게」에서는 **석소조**昔所造요 **무시**無始라 하였습니다. 지난 세월, 시작을 알 수 없는 아득한 옛날부터 지어 온 허물들입니다.

오늘을 사는 우리로서는 과거생에 지은 죄업들을 기억하지 못합니다. 하지만 과거 생의 업 때문에 이해되지 않는 억울한 일을 당하거나, 스스로의 의지와는 전혀 관계없이 흘러가는 운명에 휩싸이기도 하며, 경제적인 궁핍과 신체적인 불만족, 정신적인 미숙함을 감내해야 하는 등, 현세의 업만을 생각하면 전혀 원인을 찾을 수 없는 것들 투성이입니다.

여기에다 부모·형제·자식에 대한 불평불만, 사회나 국가에 대한 불만족과 억울함까지, 이해하지 못할 의혹들이 너무나 많습니다.

그래서 사람들은 스스로에게 되묻습니다.

'왜 나의 복은 요것밖에 되지 않는가?'

'왜 나는 이렇게 살아야 하는가?'

'왜 나는 내 뜻대로 살지 못하는가?'라고.

과연 왜 이렇게 사는 것일까요? 바로 무시 이래의 악업 때문에 마음대로 살지 못하고, 회한과 억울함을 느끼며 오늘의 삶을 살아가고 있는 것입니다.

그럼 무엇 때문에 이 악업들을 저지르고 맺게 된 것인

가? 부처님께서는 내 속에서 일어난 탐하는 마음·성내는 마음·어리석은 마음, 곧 탐심貪心·진심瞋心·치심癡心 때문에 악업을 짓게 되었다고 하셨으며, 이 세 가지 마음이 '나'를 죽이는 독이 되므로 삼독심三毒心이라 하신 것입니다.

그럼 삼독심은 왜 일어나는가? 바로 '나'라는 생각에서 비롯됩니다. 무엇이든 나에게 맞으면 갖고자 하는 탐심을 일으키고, 나에게 맞지 않으면 화를 내고 짜증을 부리고 시기 질투하는 등의 진심을 일으켜 갖가지 악업을 짓게 됩니다.

그런데 탐심과 진심의 밑바닥에서 근원적으로 작용하는 것은 치심입니다. 곧 치癡는 내가 본래 무아無我라는 것을 알지 못하는 어리석음입니다. 보다 쉽게 이야기하면 내가 본래 무아임을 알지 못하기 때문에 '나 중심의 삶'에 빠져 사는 것이 치심입니다. 나의 이기심이 치심인 것입니다. 그러므로 이 이기심을 따라 나에게 맞으면 탐심을 내고, 나에게 맞지 않으면 진심을 냅니다.

이러한 탐진치의 삼독심이 마음속에서만 일렁일 때는 그렇게 큰 문제를 일으키지 않습니다. 그러나 삼독심이 차츰 증폭되어 나쁜 일을 하고자 하는 생각들로 구체화되면, 몸으로 살생·투도·사음 등을 범하고, 말로써 망어·기어·악구·양설 등을 내뱉게 됩니다.

그리고 이러한 악업들을 짓게 되면 그 매듭이 우리를 결박하여 죄업의 고통 속에서 꼼짝하지 못하게 만들어 버리기 때문에, 우리는 뜻대로 마음대로 살지 못하게 되고 맙니다.

이제부터 우리는 이 과정을 거꾸로 살아야 합니다. 그렇게 하기 위해서는 악업의 매듭부터 풀어야 하며, 악업의 매듭을 풀기 위해서는 내가 몸과 말과 생각으로 알게 모르게 지은 죄업들을〔從身口意之所生〕지금 모두 참회한다는 '**일체아금개참회**一切我今皆懺悔'를 해야 합니다.

이 참회에는 이유가 없습니다. **무조건 '잘못했다'는 참**懺과 함께, '다시는 **나쁜 업을 짓지 않겠다**'고 거듭거듭 **맹세하는 회**悔를 동시에 해야 합니다.

물론 무시이래의 수많은 생애 동안 지은 악업을 얼마 되지 않는 참회 기간 동안 모두 녹이기는 어려울 것입니다. 그러나 스스로 반성하면서 고쳐 가고 맹세하다 보면 차츰 나쁜 업력이 소멸되는 것을 느낄 수 있게 됩니다.

나아가 삼독심의 정체를 잘 살펴서 탐·진·치를 계戒·정定·혜慧 삼학三學으로 바꾸어가는 삶을 살아야 합니다. 탐심 따라 사는 것이 아니라 계행을 잘 지켜 나와 남을 함께 보호하고, 분노 따라 출렁임 없이 선정의 평화로움을 만끽하고, 나와 이 세상의 참모습을 꿰뚫어 보는 지혜를 키워 치심을 영원히 잠재워야 합니다.

이렇게 삼학으로 삼독심을 다스릴 때 우리는 어떻게 될까요? 바로 삼독심 이전의 행복하고 평화로운 고향집으로 돌아갈 수 있게 되고, 해탈의 경지에 이를 수 있게 되는데, 이것이 참회게를 외우는 진정한 까닭입니다.

모름지기 틈이 날 때마다 참회하십시오. 참회를 하면 맺힌 매듭이 풀리면서 업장이 녹아내리고, 참회를 하면 행동과 말과 생각이 바뀌고, 참회를 하면 행복이 깃들고, 참회를 하면 깨달음의 문이 열립니다. 어찌 불자 된 이가 이 좋은 참회를 하지 않을 것입니까?

참제업장십이존불

참제업장십이존불　懺除業障十二尊佛

나무참제업장보승장불　南無懺除業障寶勝藏佛

보광왕화염조불　寶光王火炎照佛

일체향화자재력왕불　一切香火自在力王佛

백억항하사결정불　百億恒河沙決定佛

진위덕불　振威德佛

금강견강소복괴산불　金剛堅强消伏壞散佛
보광월전묘음존왕불　寶光月殿妙音尊王佛
환희장마니보적불　歡喜藏摩尼寶積佛
무진향승왕불　無盡香勝王佛
사자월불　獅子月佛
환희장엄주왕불　歡喜莊嚴珠王佛
제보당마니승광불　帝寶幢摩尼勝光佛

　우리의 악업은 다생다겁 동안 쌓아 온 것이기 때문에, 스스로의 참회만으로는 모든 업장이 쉽게 풀리지 않습니다. 그래서 특별히 '중생의 참회를 증명하고 받아들여 업장을 녹여주겠다'고 서원을 세웠던 열두 분 부처님의 명호를 외웁니다.

　우리가 이들 부처님의 명호를 외우며 참회하면, 이들 부처님께서는 우리의 참회를 증명해주시고, 지니신 능력으로 우리의 업장을 녹여주신다는 것입니다.

　다생다겁동안 쌓아온 우리의 업장. 그 업장은 단단하고 무겁기가 바윗덩어리와 같습니다. 만약 그 바위를 물에 넣으면 어떻게 되겠습니까? 당연히 그냥 가라앉게 됩니다. 그러나 바위를 배 위에 실으면 바다를 건너는 것도 어렵지 않습니다.

곧 이들 열두 분 부처님은 배와 같은 역할을 합니다. 바위를 능히 실어나르는 배처럼, 업장이 깊어 고해 속에 가라앉아 고통을 받게 될 우리를 능히 피안의 세계로 인도해주시는 것입니다.

그런데 이들 부처님 한 분 한 분께는 각각 고유하게 녹여주는 업장이 있다고 합니다.

① 보승장불은 빚을 지고 갚지 않은 죄를 녹여주고

② 보광왕화염조불은 재물을 함부로 낭비한 죄

③ 일체향화자재력왕불은 계행을 잘 지키지 않은 죄

④ 백억항하사결정불은 살생을 한 죄

⑤ 진위덕불은 삿된 음행과 욕을 한 죄를 녹여줍니다.

⑥ 금강견강소복괴산불은 지옥에 떨어질 죄

⑦ 보광월전묘음존왕불은 불교를 열심히 공부하는 불자들의 죄를 사하여 주고

⑧ 환희장마니보적불은 화를 낸 죄업을

⑨ 무진향승왕불은 태어나는 고통과 죽음의 고통을 면하게 해주며

⑩ 사자월불은 영원토록 축생으로 태어나지 않게 하고

⑪ 환희장엄주왕불은 십중대계(十重大戒)를 파한 죄를 탕감해주며

⑫ 제보당마니승광불은 엉큼한 수작을 부리고 남을 괴

롭힌 죄를 녹여주십니다.

이제 우리는 이들 부처님의 명호를 외우면서 지성껏 참회하여야 합니다. 욕심대로 되기를 바라면서 참회를 하거나 이기심으로 참회를 하여서는 안됩니다. 내가 원래 빈 것인데 공연히 삼독심을 일으켜 악업을 지었다는 것을 자각하면서, 몸과 마음을 다 바쳐 무조건 참회해야 합니다.

내면의 평온함이나 밝음을 지키지 못 한 채 탐심·진심·치심에 이끌려 십악 등 너무나 많은 죄를 지으며 살아 왔고 지금도 많은 악업을 쌓으며 살아가고 있는 우리들. 그러므로 우리는 참죄업장십이존불의 명호를 부르면서 참회를 해야 합니다.

그리고 삼독의 마음을 비우고 다생다겁동안 지은 열 가지 악업들을 참회해야 합니다.

십악참회

십악참회　十惡懺悔
살생중죄　금일참회　殺生重罪　今日懺悔

투도중죄 금일참회　　偸盜重罪 今日懺悔

사음중죄 금일참회　　邪淫重罪 今日懺悔

망어중죄 금일참회　　妄語重罪 今日懺悔

기어중죄 금일참회　　綺語重罪 今日懺悔

양설중죄 금일참회　　兩舌重罪 今日懺悔

악구중죄 금일참회　　惡口重罪 今日懺悔

탐애중죄 금일참회　　貪愛重罪 今日懺悔

진에중죄 금일참회　　瞋恚重罪 今日懺悔

치암중죄 금일참회　　癡暗重罪 今日懺悔

살생으로　지은 죄업　참회합니다

도둑질로　지은 죄업　참회합니다

사음으로　지은 죄업　참회합니다

거짓말로　지은 죄업　참회합니다

꾸민 말로　지은 죄업　참회합니다

이간질로　지은 죄업　참회합니다

악한 말로　지은 죄업　참회합니다

탐욕으로　지은 죄업　참회합니다

성냄으로　지은 죄업　참회합니다

어리석어　지은 죄업　참회합니다

이상의 십악十惡은 탐·진·치 삼독심이 몸[身]과 말[口]

과 생각(意)으로 뽑어져 나와서 짓게 되는 열 가지 악업입니다. 곧 몸으로 짓는 세 가지 악업이 살생·투도·사음이고, 입으로 짓는 네 가지 악업이 망어·기어·양설·악구이며, 생각으로 짓는 세 가지 악업이 탐애·진에·치암으로, 이들 모두를 합하면 십악이 됩니다.

이 십악은 나를 온전한 상태로 두지 않고 정신을 흐리게 만듭니다. 이 십악이 나를 얽어매어 자유롭지 못하게 만들고, 이 십악이 나를 나쁜 세계 속으로 빠뜨립니다.

이제 우리는 참회를 통하여 십악업이 빚어낸 불행과 결박된 삶을 행복하고 자유로운 쪽으로 이끌어 나가야 합니다. 탐·진·치 삼독심을 계·정·혜 삼학三學으로, 십악업을 십선업十善業으로 바꾸어 참으로 맑고 밝고 평화롭게 살아야 합니다.

과연 무엇이 이를 가능하게 만드는가? 바로 십악참회입니다.

십악十惡. 이 십악 중에 모르는 단어는 거의 없습니다. **투도**는 도둑질, **사음**은 삿된 음행, **망어**는 거짓말이라는 것을 다 알고 있습니다. **기어**는 '비단 같은 말'로, 남을 속이고 이용하기 위해 비단결 같은 말로써 아첨하거나 유혹하는 것입니다. **양설**은 '두 개의 혀'로 이 말 저 말을 하여 사람들을 이간질시키는 것이요, **악구**는 욕을 하는 것입니다.

탐애는 탐심에 애착이 붙어 그 생각에 온통 빠져드는 것이요, **진에**는 성내고 신경질 부리는 것은 물론이요 증오심·시기심·질투심까지 모두 포함하는 단어입니다. **치암**은 단순히 어리석기만 한 것이 아니라 깜깜해져서, 교만·의심·고집 속에 빠져 바르게 살지 못하는 상태입니다.

십악에 대한 더이상의 상세한 설명은 하지 않겠습니다. 대신 한 편의 실화를 소개하여 십악참회의 필요성과 영험을 함께 느껴보고자 합니다.

❀

참선도량과 참회도량으로 유명한 전라북도 부안군 월명암月明庵에는 월인月印큰스님이 계셨습니다. 평생을 참선수행에만 몰두하며 사신 스님은 1980년대 중반에 월명암의 선원이 완공되자 조실로 추대되었습니다. 스님은 월명암 선원의 첫 결제에 참여하기 위해 찾아온 10명의 선객禪客들에게 말했습니다.

"우리가 세속에서나 절집안에서나 알게 모르게 지은 악업들을 소멸시키지 못한다면 어떻게 성불을 바라볼 수 있겠는가? 또 나옹스님의 발원문發願文을 조석으로 되

새기며 우리의 간절한 마음을 다잡아 가는 것도 중요한 수행이 아닐 수 없다. 이번 여름 안거가 끝날 때까지 참선수행과 함께 십악참회+惡懺悔와 발원문 정진을 하도록 하자.”

일반적으로 볼 때 선원에서는 참선정진만을 중요시하여 조석예불조차도 생략하고 죽비소리에 맞추어 3배의 절만을 올립니다. 따라서 ‘십악참회와 발원문 정진을 하자’는 조실스님의 말씀은 매우 이례적인 경우라고 하지 않을 수 없습니다. 다행히 대중들은 반대하지 않았고, 그날부터 3개월 동안 월명암 대중들은 십악참회와 발원문을 외웠습니다.

그런데 신기한 일이 일어났습니다. 그 3개월 동안 부안군 관내에서 단 한 건의 범죄도 발생하지 않아, 할 일이 없어진 경찰이 손을 놓고 지낸 것입니다. 이 소식이 방송을 타고 전국에 알려졌고, 그때 어떤 이가 말했습니다.

“월명암에서 십여 명의 스님들이 석 달 동안 참회정진을 하였다는데, 아마 그 덕분인가 봅니다.”

그 말이 다시 입에서 입으로 전해짐에 따라 한적했던 월명암을 찾는 불자들의 발길이 끊이지 않았고, 참선도량 월명암은 ‘참회도량’이라는 이름까지 얻게 되었습니다. 그렇게 참회와 발원을 하며 참선정진을 하던 어느

해, 대중들은 월인스님께 의견을 보였습니다.

"이제부터는 참선수행만 하고 참회와 발원문 정진은 그만두면 좋겠습니다."

전국 대부분의 선원이 참선수행을 위주로 하고 있었으므로 조실스님도 억지로 강요할 수 없었습니다. 그런데 한 달 가량이 지나자 안타깝게도 사고가 터졌습니다. 서울에서 승합차를 타고 월명암을 찾아오던 신도들이 논산 근처에서 트럭과 충돌하여 한 명이 죽고 두 명이 크게 다친 것입니다. 그 소식을 접한 월인스님은 참회발원 정진을 했던 첫 안거 때 부안에서 범죄가 사라졌던 일을 상기시키면서 다시 대중스님들을 설득했습니다.

"이 도량을 옹호하고 우리 승단을 돌보는 신장님의 가피력이 없다고 할 수가 없다. 또 우리가 참회발원정진을 하는 바른 뜻이 자리이타自利利他의 보살행을 실천하고자 함에 있음을 잊지 말고 이제부터라도 열심히 하자."

이에 대중스님들은 모두 조실스님의 말씀을 따랐고, 월인스님이 계시는 동안 월명암에서는 십악참회와 발원문 정진을 계속 행하였습니다.

§

'살생중죄 금일참회'로 시작하여 '치암중죄 금일참회'로 끝나는 이 짧은 십악참회문이 여름 한 철 동안 부안군을 범죄 없는 지역으로 바꾸어 놓았습니다. 그리고 대중스님들이 거부하여 참회정진을 멈추자 묘하게도 월명암과 직접 연관이 되는 사고가 일어났습니다.

이러한 일을 우연의 일치로 생각하는 이도 있겠지만, 이것이야말로 참회의 공덕입니다. 참회를 한 공덕은 '나'의 잘못만 녹여주는 것이 아닙니다. 주위까지 맑혀줍니다. 반대로 참회를 거부하게 되면 나 주위까지 힘들게 만듭니다.

부처님께서는 『대승본생심지관경大乘本生心地觀經』에서 참회의 십종공덕을 설하셨습니다.

① 참회는 능히 번뇌煩惱의 땔감을 태우고
② 참회는 능히 천상天上에 태어나게 하고
③ 참회는 능히 사선四禪의 낙樂을 얻고
④ 참회는 능히 마니보주摩尼寶珠를 내리게 하고
⑤ 참회는 능히 수명을 금강金剛과 같이 늘이고
⑥ 참회는 능히 상락궁常樂宮에 들어 가게 하고
⑦ 참회는 능히 삼계三界의 감옥을 벗어나게 하고
⑧ 참회는 능히 보리菩提의 꽃을 피우고
⑨ 참회는 능히 대원경지大圓鏡智를 보게 하고
⑩ 참회는 능히 가장 좋은 보소寶所에 이르게 한다.

참회를 하면 이토록 큰 공덕이 쌓이거늘, 어찌 업보중생인 우리가 참회를 잊은 채 살 것입니까?

진실로 참회합시다. 오늘날 세상이 살기 어려워진 것도 한때 정신을 못 차리고 들떠 살았던 시절의 업보가 아닙니까? 보다 나은 내일을 원한다면 십악참회를 통하여 어제를 참회하고 새로운 삶을 발원해야 합니다. 몸과 말과 뜻으로 짓는 모든 죄업을 참회하고 청정수행에 힘써, 나와 남이 함께 행복하고 평화로워지도록 발원하는 데서 밝은 내일의 해가 떠오를 수 있습니다.

힘들고 어려운 시절을 만나고 세상이 거꾸로 흘러가는 듯한 상황에 처할수록 불자들은 흔들림 없는 신심으로 더욱 열심히 참회를 하며 살아야 합니다. 참회를 통하여 '나'자신을 맑히고 이 사회와 이 국토를 맑혀야 합니다. 참회야말로 진정한 정화淨化요 수행이니, 불보살님의 대자비 속에서 날마다 때때로 참회하여 복되고 평화로운 삶을 누려야 합니다.

이제 이참법을 살펴봅시다.

이참理懺

참회는 크게 사참事懺과 이참理懺으로 나누어집니다. 사참은 몸과 말과 생각으로 지은 죄업을 불보살님의 가피에 의지하여 절·염불·경전독송·다라니염송·참회문 낭독 등을 통하여 참회하는 것으로, 앞의 십악참회는 사참에 속합니다.

이참은 이理, 곧 진리에 입각한 참회법으로, 본래의 마음자리에서 볼 때 모든 죄에는 '본래의 고유한 자성自性이 없다〔本來無性〕'는 것을 꿰뚫어 봄으로써 참회를 이루는 것입니다.

백겁적집죄　百劫積集罪
일념돈탕진　一念頓蕩盡
여화분고초　如火焚枯草
멸진무유여　滅盡無有餘
오랜 세월　쌓인 죄업
한 생각에　없어지니
마른 풀이　타 버리듯
남김없이　사라지네

천수경의 이 게송은 이참을 노래한 것입니다. 과연 다생다겁동안 쌓아온 무수한 죄업들을 한 생각에 문득 모두 없앨 수 있는 것일까? 그렇습니다. 이것은 분명한 사실입니다.

백겁동안 쌓아온 죄업은 우리의 앞길을 막는 캄캄한 어두움입니다. 그 어두움을 빗자루로 쓸어내려고 하면 아무리 노력해도 없어지지 않습니다. 그러나 태양이 떠오르거나 전깃불이 켜지는 순간, 그 어두움은 흔적도 없이 사라집니다.

또 풀을 하루에 열 짐씩 베어 백년을 쌓아 두었더라도, 마른 풀에 강한 불길이 닿으면 순식간에 확 타올라 남김없이 태워버리는 것과 같이, 다생다겁동안 쌓은 죄업을 일시에 소멸시킬 수 있는 것이 이참의 도리입니다.

이참법은 달리 관찰실상참회觀察實相懺悔라고 하는데, 우리의 근본 마음자리가 어디에서나 어느 때에나 '때묻지 않고 고요히 비어 있는 공적空寂'임을 관하게 되면 그 어떠한 죄업도 자취를 잃게 된다는 것입니다. 곧 본래의 마음자리에서 보면 죄업 또한 공적에 불과할 뿐입니다.

진정 죄업은 어디에서 생겨난 것입니까? 죄업은 오직 중생의 마음에서 생겨난 것입니다. 따라서 죄업에는 고유한 본성이 없습니다. 고유한 본성이 없기 때문에 오직 중생의 번뇌망상을 좇아 생겨날 뿐입니다.

따라서 마음과 번뇌망상이 본래 공함을 체득하면 죄 또한 없어집니다. 본래의 마음자리가 '고요히 비어 있음'을 관하게 되면 죄 또한 남아 있을 수 없습니다. 이렇게 죄업의 본성이 '본래무생本來無生'이요 공임을 관찰하면 이참, 곧 진짜 참회가 이루어지는 것입니다.

하여 천수경에서는 이 이참의 도리를 다음의 게송으로 설하고 있습니다.

죄무자성종심기　罪無自性從心起
심약멸시죄역망　心若滅是罪亦忘
죄망심멸양구공　罪忘心滅兩俱空
시즉명위진참회　是卽名爲眞懺悔
죄의 자성　본래 없어　마음 따라　일어나니
마음이~　사라지면　죄도 함께　없어지네
모든 죄가　없어지고　마음조차　사라져서
죄와 마음　공해지면　진실한~　참회라네

이 게송은 『유마경』의 주인공인 유마거사維摩居士께서 설하신 것으로 다음과 같은 사연이 깃들어 있습니다.

석가모니부처님 당시, 두 비구가 깊은 산 속에서 수행
을 하고 있었습니다. 어느 날 한 비구의 누이동생이 오
빠를 찾아 왔을 때, 오빠는 출타를 하고 다른 한 비구만
이 암자를 지키고 있었습니다.

그 비구를 남몰래 사모하고 있었던 누이는 이 기회를
이용하여 한껏 유혹함으로써 그 비구를 파계시켰습니다.
모든 것이 끝난 다음 자신이 파계승이 된 것을 깨달은
비구는 통곡하였고, 여인은 살그머니 도망을 쳤습니다.

잠시 뒤 출타를 하였다가 돌아온 오빠는 전후 사정을
듣고 격분하여 누이동생을 찾아 나섰고, 절벽 위의 바위
에 앉아 쉬고 있는 누이를 발견했습니다. 누이는 살기등
등한 모습으로 달려드는 오빠가 무서워 뒷걸음질을 치
다가 절벽 아래로 떨어져 죽고 말았습니다.

이렇게 하여 교단에서 축출을 당하고 죽어서는 지옥에
떨어지는 네 가지 바라이죄波羅夷罪 중에 한 비구는 음계
淫戒를, 한 비구는 살계殺戒를 범하고 만 것입니다. 두 비
구가 땅을 치며 잘못을 한탄하고 있을 때, 유마거사가
나타나 말했습니다.

"그대들이 지었다는 죄가 어디에 있습니까? 그 죄의 실
체는 안에도 있지 않고 밖에도 있지 않고 중간에도 있지

않나니, 부처님께서 말씀하신 바와 같습니다.

　마음이 더러우므로 중생이 더럽고, 마음이 청정하면 중생도 청정해집니다. 만일 마음의 모든 상相을 떠나 해탈하였다면 거기에 허물이 있습니까?"

"허물이 없습니다."

"일체 중생의 마음에 허물이 없는 것도 그와 같습니다. 망상이 허물이므로 망상만 없으면 청정하고, '나'를 취하는 것이 허물이므로 나를 취하지 않으면 청정합니다.

　일어났다가 사라지는 모든 것은 허깨비나 번갯불과 같아서 잠시도 머무르지 않습니다. 망상에서 생겨난 모든 것은 꿈과 같고 아지랑이와 같고 물에 비친 달과 같고 거울 속의 영상과 같습니다.

　이 도리를 잘 아는 이야말로 계율을 잘 받드는 사람이요 참되이 참회를 이루는 사람이며 깨달음을 얻은 사람이라고 불릴 수 있습니다."

　유마거사의 설법을 들은 두 비구는 '죄 그 자체에는 고유한 성품이 없다'는 죄무자성罪無自性의 도리를 깨닫고 참회를 마쳤을 뿐 아니라, 큰 깨달음까지 얻었습니다.

❀

　유마거사께서는 '죄업은 망상이요, 망상은 꿈이나 아지랑이처럼 실체가 없고, 안에도 바깥에도 중간에도 있지 않다. 망상을 비워 청정한 마음을 이루면 그대로 참회를 마친다'는 요지의 법문을 설하셨습니다. 그리고 두 비구는 이러한 이치를 깨달아 무간지옥에 떨어질 죄업으로부터 벗어났고, 도를 이루었습니다.

바로 이것이 게송 속의 '**죄망심멸양구공**'이요, 죄의 실상을 관찰하여 참회를 마치는 이참법입니다.

꼭 기억하십시오. 업장 때문에 밝게 살지 못하는 것은, 마치 본래 맑고 깨끗하던 거울에 먼지가 끼어 아무 것도 비치지 않는 것과 같습니다. 따라서 망상의 먼지만 털어내면 모든 것이 환히 비치게 됩니다.

또한 어두움 자체가 본래 있는 것이 아니라, 광명이 없기 때문에 어두움이 나타나는 것과 같습니다. 곧 마음이 어두워 광명이 없을 때는 죄가 뚜렷해지지만, 마음이 밝아져 광명이 드러나게 되면 어두운 죄업은 저절로 사라지게 됩니다.

이것이 이참법의 원리입니다.

물론 이 이참법은 쉽게 행할 수 있는 참회법이 아닙니다. 그렇지만 이참법의 원리에 따라 마음의 훈련을 쌓는다면 능히 **진참회**를 이루어 낼 수가 있습니다.

곧 모든 죄업의 원인이 되는 번뇌망상의 실체를 파악하여 마음을 비우고, 일어나는 탐욕과 분노와 어리석음·교만·의심·고집 등의 번뇌를 훌훌 떨쳐 버리십시오.

정녕 이참법의 원리에 따라 망상을 비우고 참된 모습이 무엇인지를 관찰하게 되면, 나쁜 인연들이 다가서지 못할 뿐 아니라 깨달음의 경지가 차츰 높아지게 됩니다.

그러나 반대로, '근본 마음자리에서 보면 죄가 붙을 수도 없고 죄라고 할 것도 없는데 무엇을 참회해?'라는 식의 자세를 갖는다면 그 결과는 너무나 무섭게 다가옵니다. 신라의 원효스님께서는 말씀하셨습니다.

"수행하는 이가 자주자주 죄업의 실상實相을 사유하여 참회하면 아무리 큰 죄라도 그를 어떻게 하지 못하게 되나니, 마치 허공이 불에 타지 않는 것과도 같다.

허나 방일하여 뉘우치지도 부끄러워하지도 않고 죄업의 실상을 사유하지도 않는다면, 비록 죄 자체가 본성은 없지만, 장차 지옥에 떨어지게 되나니, 마치 꼭두각시 호랑이가 요술쟁이를 삼킴과 같으니라."

참회행자는 원효스님의 이 가르침을 깊이 새겨야 할 것입니다. 이제 참회진언을 외워 봅시다.

참회진언 懺悔眞言
옴 살바 못자 모지사다야 사바하 (3번)

천수경을 외우며 사참과 이참을 행한 우리. 그러나 아직 맑고 밝고 깊은 경지에까지 들어가지 못하였기에 우리의 죄업을 녹여주는 참회의 진언을 외웁니다.

그런데 이 참회진언을 풀이하면 '옴, 모든 불보살님께 귀의하오니 참회를 원만성취하여지이다'가 됩니다. 불보살님께 정성을 다해 귀의하는 것이 참된 참회법이라는 것입니다.

참으로 묘하지요? 불보살님께 귀의하는 것이 참회 성취의 길이라니? 그러나 이것은 진실입니다. 부처님 잘 모시고 사는 것, 불·법·승 삼보를 잘 받들며 사는 것. 이것이 참회성취의 길입니다. 부처님 잘 모시고 불·법·승 삼보를 잘 받들며 살면 그릇된 삶으로 흘러내려 갈 까닭이 없을 뿐 아니라, 밝고 평화롭고 행복한 향상의 길로 나아가지 않을 수가 없기 때문에, 틀림없이 진참회를 이룰 수 있게 되는 것입니다.

바라옵건대, 불보살님의 품으로 돌아가는 참된 참회를 통하여, 참으로 편안하고 자유롭고 평화롭고 행복한 삶을 꾸려 가시기를 두 손 모아 축원 드립니다.

준제진언

준제진언의 공덕

천수경에서는 참회게·십악참회·참회진언 등에 이어 준제진언의 의식을 시작합니다.

신묘장구대다라니를 중심으로 삼아 만든 경전인 천수경에서, 현재 신묘장구 다음으로 중요시한 다라니는 준제진언准提眞言입니다. 왜냐하면 천수경에 수록된 여러 진언 중 신묘장구대다라니와 준제진언의 앞뒤에만 열기를 청하는 계청啓請과 회향廻向의 게송을 두어 그 중요성을 부각시키고 있기 때문입니다.

천수경은 천수관음에 대한 믿음과 가피를 주제로 삼고 있기 때문에, 굳이 칠관음 중의 한 분인 준제관음과 준제진언에 대한 의리를 수록할 이유가 없습니다.

그런데 왜 이 준제보살과 준제진언에 대해 많은 지면을 할애한 것일까? 그 까닭은 천수경이 체계를 갖춘 조선 후기의 불교계에서 준제진언 기도를 많이 행한 영향이 아니었나 생각됩니다. 이에 대해서는 관심 있는 학자들의 연구를 기대해 봅니다.

먼저, 준제진언을 외우기 전에 외우는 계청의 내용을 살펴봅시다.

준제공덕취　准堤功德聚

적정심상송　寂靜心常誦

일체제대난　一切諸大難

무능침시인　無能侵是人

천상급인간　天上及人間

수복여불등　受福如佛等

우차여의주　遇此如意珠

정획무등등　定獲無等等

준제주는　모든 공덕　보고이어라

고요한~　마음으로　항상 외우면

이 세상~　그 어떠한　재난이라도

이 사람을　절대로~　침범 못하며

하늘이나　사람이나　모든 중생이

부처님과　다름없는　복을 받으니

이와 같은　여의주를　지니는 이는

결정코~ 최상의 법 이루오리라

이 게송 속에는 준제진언을 외우는 이가 얻게 되는 세 가지 큰 공덕을 설하고 있습니다.

①어떠한 어려움도 침노하지 않는다.
②부처님과 다름없는 아주 큰 복을 얻는다.
③마침내는 위없는 깨달음을 이룬다.

이 얼마나 대단한 성취입니까? 그런데 한 가지 요구 조건이 있습니다. '고요한 마음으로 항상 외운다〔寂靜心常誦〕'는 것입니다. 그럼 어떻게 하여야 고요한 마음을 만들 수 있는가?

마음이 고요해지려면 번뇌망상이 없어져야 합니다. 탐욕과 분노와 이기심·교만·의심·고집 등이 일으킨 번뇌망상의 파도들이 없어져야 합니다.

그러나 이 번뇌망상을 없애기란 쉽지가 않습니다. 한없는 세월동안 끊임없이 번뇌망상을 일으키며 살아 왔고, 번뇌망상에 이끌려 갖가지 업을 지으며 살아 왔기 때문입니다. 그야말로 우리는 번뇌망상에 길들여져 있으며, 번뇌망상들은 시도 때도 없이 일어납니다.

그럼 어떻게 번뇌망상을 다스려야 고요한 마음, 평화로운 마음을 유지할 수 있는가? 가장 요긴한 방법은 번뇌망상을 없애는 것이 아닙니다. 번뇌망상을 없애려 하지 말고 잘 이해해야 합니다. 번뇌망상에 끌려가지 말고 잘 다스려야 합니다. 번뇌망상 따라 흘러가지 말고 그 실체가 무엇인지를 바라보아야 합니다.

번뇌망상은 파도와 같고 구름과 같습니다. 마음의 바다에 바람 따라 생겨났다가 자취 없이 꺼지는 파도와 같고, 맑디맑은 하늘에 홀연히 일어났다가 스르르 흩어지는 한 조각의 구름과 같은 것이 번뇌망상입니다.

그 파도를 누가 잠재울 수 있습니까? 뜬구름을 누가 흩을 수 있습니까? 때가 되면 저절로 소멸되고 저절로 흩어지는 것이 파도요 구름입니다.

오히려 우리는 그 번뇌망상이 밖에서 온 것이 아님을 분명히 알아야 합니다. 우리들 마음의 바다에서 생겨난 파도요 마음의 하늘에서 일어난 구름임을 알아야 합니다. 그 파도 역시 바닷물이요 구름이 있는 곳 또한 하늘이라는 것을 알아야 합니다.

과연 마음의 바다에, 마음의 하늘에 나타난 번뇌망상을 원수처럼 싫어하고 미워하고 없애고자 애를 쓸 필요가 있습니까? 저절로 사라질 번뇌망상을 굳이 잡고 싸워야 할 까닭이 무엇입니까?

번뇌의 속성은 순간적으로 일어났다가 사라지는 것입니다. 번뇌망상은 실체가 없기 때문에 상대하지 않고 내버려두면 저절로 사라지기 마련입니다. 반대로 집착하고 없애고자 하면 끊임없이 꼬리를 물고 일어나는 것이 번뇌망상입니다.

그러므로 번뇌망상을 없애려고 하거나, 번뇌망상 따라 흘러가지도 끌려가지도 말아야 합니다. 집착 없이 그냥 보내십시오. 그래도 잘 다스리지 못하겠거든 염하십시오.

'아, 내가 과거에 지은 업이 번뇌망상으로 나타나서 나를 흔드는구나. 지금이 바로 그 업을 녹일 시간이다. 고맙다. 번뇌망상아. 잘 가거라.'

이렇게 염하면서 번뇌망상의 자리를 준제진언이나 신묘장구대다라니, 관세음보살 등 불보살의 명호, 경전구절이나 화두 등으로 바꾸어서 채우게 되면 고요한 마음, 곧 적정심이 저절로 갖추어지게 됩니다.

그리고 그 적정심으로 꾸준히 수행을 계속하면, 모든 재난이 저절로 물러가고 크나큰 복이 스스로 다가오며 마침내는 위없는 깨달음을 이루게 된다는 것이 앞의 게송 속에 담긴 뜻입니다.

준제보살은 어떤 분인가

나무칠구지불모대준제보살　南無七俱胝佛母大准提
菩薩 (3번)

준제진언을 열어주기를 청하는 게송에 이어, 이제 준제보살에 대한 귀의로 '나무칠구지불모 대준제보살'을 염송합니다.

이 구절의 '나무'는 귀의한다는 뜻이고, '칠구지'는 7억이므로, 전체의 뜻을 새기면 '7억 부처님의 어머니이신 대준제보살께 귀의합니다'라고 풀이할 수 있습니다.

바꾸어 말하면 모든 부처님들이 준제보살로부터 태어난다는 뜻인데, 관세음보살님의 청정한 대자비가 모든 부처님의 모체가 되고 있음을 일깨워주고 있으며, 이 보살님의 공덕이 광대무변하기 그지없다는 것을 잘 나타내어 주고 있습니다.

그럼 준제보살님은 어떠한 분인가? 바로 준제진언의 주인인 준제관음으로, 밀교의 칠관음七觀音, 곧 성관음·천수관음·마두관음·십일면관음·여의륜관음·준제관음·불공견삭관음 중의 한 분입니다. 이 준제보살은 세 개의 눈〔三目삼목〕에 열여덟 개의 팔을 가진 모습을 정형으로 삼고 있으며, 때로는 두 팔 또는 4·6·8·10·32·82개의 팔로 묘사하기도 합니다.

이 때의 세 눈은 중생의 세 가지 근본 장애인 의혹[惑]과 죄업[業]과 괴로움[苦]을 남김없이 제거하여 해탈을 얻게 한다는 것을 상징화한 것입니다. 그리고 18수의 각각에는 염주·연꽃·법륜·감로병·소라·노끈·칼·도끼·경전 등을 하나씩 쥐고 있습니다.

이 준제관음보살은 자주 세상에 나타나 중생의 재앙을 없애주고 소원을 성취시켜주며 수명을 연장해 줄뿐 아니라, 복福과 부富와 관직 등을 얻을 수 있게 해줍니다. 특히 지혜를 구하는 이의 원을 성취시켜주고, 깨달음을 이루게 하는 권능이 월등하다고 합니다.

이제 우리는 '나도 부처님이 되겠다'는 원을 담아, 모든 부처님의 어머니인 준제보살께 귀의한다는 뜻으로 **나무칠구지불모대준제보살**을 염해야 합니다.

> "내 안에 계신 대준제보살님. 청정하고 자비롭기 그지없는 그 자리, 불성이요 반야지혜 그 자체이신 준제보살님께 귀의합니다. 저도 꼭 부처님이 되겠습니다."

바로 이러한 본질을 새기면서 나무칠구지불모대준제보

살께 귀의해야 합니다.

꼭 기억하십시오. 우리 불교의 귀의는 결코 막연한 기 댐이 아닙니다. '언젠가는 나도 그렇게 되겠다'는 발원이 요 맹세입니다. 그러므로 우리는 귀의와 함께 끊임없이 노력해야 합니다.

천수경 독송, 신묘장구대다라니 염송 등 간경·사경· 주력·염불·참선 중에 스스로에게 맞는 공부를 택하여, 적정한 마음과 깊은 자비심을 이룰 때까지 끊임없이 노 력해야 합니다.

이렇게 하는 것이 불모대준제보살님에 대한 참된 귀의 가 될 뿐 아니라, 관세음보살님의 가피가 늘 우리와 함 께하게 되는 것입니다.

네 가지 진언

천수경에서는 대준제보살에 대한 귀의에 이어 정법계진 언·호신지언·관세음보살육자대명왕진언·준제진언의 네 가지 진언을 연이어 외우게 하고 있습니다. 이들 네 진언 을 차례대로 살펴보겠습니다.

정법계진언 淨法界眞言
옴 남 (3번)

정법계진언은 법계를 깨끗하게 정화하는 진언입니다.

그럼 **법계**法界란 무엇인가? 법계는 법이 지배하는 세계, 인과의 법칙과 진리의 법칙에 의해 유지되는 세계입니다. 그렇게 되게끔 되어 있는 법칙에 따라 존재하고 있는 세계와 우주만물을 모두 포함하고 있는 것이 법계입니다.

따라서 법계는 우리가 육도六道라고 칭하는 지옥·아귀·축생·아수라·인간·천상계 등의 중생계는 물론이요, 극락과 불계佛界까지를 합한 것입니다.

이와 같이 한없이 넓은 법계를 깨끗하게 만들려면 어떻게 해야 하는가? 다른 방법은 없습니다. 오직 하나, 번뇌망상을 비워서 허공처럼 맑은 마음을 만들었을 때 저절로 발현되는 지혜라야 능히 이 법계를 맑힐 수 있습니다.

그래서 정법계진언을 '**옴 남**'이라 한 것인데, '**남**'은 **지혜의 빛**을 뜻하고, '**옴 남**'은 '**지혜의 빛이 가득하다**'는 뜻이 됩니다.

지혜의 빛은 어떻게 해야 발현되는가? 내가 텅빈 공空의 경지, 무아의 경지에 이르러야 대지혜가 발현됩니다. 하지만 공의 경지, 무아의 경지에 이르기란 결코 쉽지가 않습니다. 그냥 비운다고 하여 공이나 무아가 되지 않기 때문입니다.

그럼 어떻게 하여야 공이나 무아의 경지에 이를 수 있는가? 공부를 하여 삼매를 이루어야 합니다. 주력삼매에 들건 염불삼매에 들건 독경삼매에 들건 화두삼매에 들건, 일념삼매一念三昧에 젖어 들면 저절로 공의 경지를 체험할 수 있게 되고, 그 공으로부터 대지혜의 빛이 저절로 발현되어 이 대법계를 맑게 만들 수 있습니다.

그러므로 부지런히 공부하십시오. 공부를 하여 일념삼매에 들면 내가 청정해지고, 내가 청정해지면 대우주법계가 청정해집니다. 우주와 내가 불이不二이므로, 일념삼매의 법으로 나를 맑히면 법계 전체가 청정해지기 마련입니다.

정법계진언은 나와 법계를 함께 맑히는 일념삼매법이며, 이러한 도리를 대법계의 공용어로 표현한 음이 '옴 남'임을 기억하시기 바랍니다.

호신진언 護身眞言
옴 치림 (3번)

호신진언은 글자 그대로 몸을 보호하는 진언이요 나를

보호하는 진언입니다.

올바른 호신이 되려면 스스로를 잘 보호하고 관리할 필요가 있습니다. 그러나 이 진언이 품고 있는 의미는 단순한 내 몸의 보호 관리를 훨씬 뛰어넘고 있습니다. 왜냐하면 '옴'은 묘길상妙吉祥, 곧 **행복·성공·영광·번영· 평화 등이 모두 간직되어 있다**는 뜻이요, '**치림**'은 **깊이 살핀다**는 뜻을 지니고 있습니다.

단순히 몸을 보호하고 지키는 것이 아니라, 내 속에 있는 묘길상들을 깊이 관찰하고 있으니 삶이 어떠하겠습니까? 그야말로 대행복이 함께하지 않을 수 없습니다.

모름지기 나를 깊이 관찰하여 묘길상의 삶, 대행복의 삶을 이루어보십시오. 나를 잘 관찰하여 탐·진·치 삼독 쪽으로 흘러가는 것이 아니라 계·정·혜·삼학 쪽으로 나아가게 하고, 악업을 선업으로, 번뇌망상을 깨달음으로 바꾸어 가면, 호신은 물론이요 대길상이 언제나 나와 함께하게 됨이니, 이와 같은 삶을 이루게 하는 대법계의 공용어가 '옴 치림 옴 치림 옴 치림'인 것입니다.

관세음보살 본심미묘 육자대명왕진언

觀世音菩薩 本心微妙 六字大明王眞言

옴 마니 반메 훔 (3번)

'옴 마니 반메 훔'이 여섯 글자는 원래 아미타부처님께서 관세음보살을 칭찬한 말이었는데, 이 말 자체가 관세음보살의 본심本心이 되었다고 합니다.

그럼 아미타불께서 관세음보살을 어떻게 칭찬하였는가? '옴 마니 반메 훔'의 뜻을 풀이하면 알 수 있습니다.

옴은 모든 좋은 것이 다 성취되어 있음을 나타내는 주문입니다.

마니는 마니보주摩尼寶珠의 줄임말로, 이 무색투명한 보주는 모든 것을 있는 그대로 받아들여 변화를 보였다가, 그 모습들이 사라지면 원래의 무색투명함을 잃지 않는, 우리의 본성을 뜻합니다.

반메는 '파트마'로 진흙탕 속에서 자라나지만 물들지 않는 처염상정處染常淨의 연꽃이며,

훔은 완성·성취의 의미를 지닌 단어입니다.

따라서 '옴 마니 반메 훔'은 '**모든 공덕을 두루 갖춘 마니보주요 어디에서나 청정한 연꽃과 같은 이**'라고 칭찬하신 아미타불의 말씀을, 관세음보살께서 평생의 좌우명으로 삼음으로써, '관세음보살 본심미묘 진언'으로 바뀌게 되었다고 보면 됩니다.

우리가 관세음보살님의 본심을 염하는데 어찌 관세음보살님께서 모른 척하며 그냥 계시겠습니까? 육자대명

왕진언을 외우면 모든 악업이 소멸되고 복덕이 생겨날 뿐 아니라 일체의 지혜와 선행을 낳게 된다고 합니다.

아울러 이 주문을 외우면 무량한 삼매와 법문을 갖추게 되고, 지송하는 자의 7대 조상까지 다 해탈을 얻으며, 지송하는 사람은 육바라밀의 원만한 공덕을 성취하고 다함없는 변재와 청정한 지혜를 갖추게 됩니다.

또 이 '옴 마니 반메 훔'을 옮겨 쓰는 공덕도 한량이 없다고 하여, 예부터 지금까지 티베트 등지에서는 쇠나 돌이나 나무 등에 새겨 길가에 세우기도 하고, 천에 써서 지붕 위에 걸기도 하며, 물방아나 바람방아 등에 써 붙여 끊임없이 돌게도 합니다. 그리고 조그마한 둥근 통에 새겨 입으로 외우면서 돌리기도 합니다.

이 육자주 기도는 고려 시대에 라마교불교가 전래된 이래 우리나라에서 널리 행하여졌고, 최근까지도 수행하는 승려 및 힘을 얻고자 하는 재가불자들이 많이 외워 영험을 보았으며, 지금도 이 진언을 외우는 이들이 많이 있습니다.

'옴 마니 반메 훔'을 외우면 연꽃처럼 맑아지고 마음으로부터 광명이 샘솟게 됩니다. 내 마음이 관세음보살님의 마음이 되고 대명왕大明王이 되면서 일체의 장애가 사라지고 깨달음의 문이 저절로 열리게 되니, 어찌 이 거룩한 진언과 함께하지 않을 것입니까?

준제진언 准提眞言
나무 사다남 삼먁삼못다 구치남 다냐타
「옴 자례 주례 준제 사바하 부림」(3번)

이 진언의 앞쪽 '나무 사다남 삼먁삼못다 구치남 다냐타'는 '7억의 정등각을 이룬 부처님께서 귀의한 진언을 설하노니'라는 뜻을 지닌 도입 구절이며, 본 진언은 '옴 자례 주례 준제 사바하 부림'입니다. 따라서 앞 구절은 한 번만 외우고 뒤 구절은 최소한 3번에서 수행자에 따라 21번, 108번 또는 끊임없이 외우게 되어 있습니다.

본 진언의 뜻은

'옴, 어디에나 계시는 님〔자례〕, 가장 높이 계시는 님〔주례〕인 청정존〔준제〕이시여, 원만성취하여지이다〔사바하〕. 틀림없이〔부림〕'

로 풀이할 수 있습니다.

『칠구지불모준제대명다라니경』에서는 준제진언이 '모든 재앙을 소멸하여 부처님의 깨달음을 신속하게 얻게 하는 힘을 갖추고 있다'고 하였습니다.

부처님과 같은 깨달음을 빨리 성취시켜준다는 것. 그것

은 준제진언이 그 어떠한 진언보다 강한 힘을 지니고 있음을 뜻합니다. 그리고 이 진언을 잘못 외우면 마장魔障 또한 크다고 하여 함부로 외우지 못하게 합니다.

특히 깨달음을 빨리 이루겠다는 조급한 마음이나 이기적인 욕심으로 준제진언 기도를 하다가 잘못된 길로 빠지는 경우가 많이 있습니다.

따라서 준제진언 기도를 하려면 반드시 마음을 크게 가지고 대원을 세워야 하며, 진언을 외운 공덕을 대원 쪽으로 회향해야 하는데, 그 대원이 바로 준제진언 다음에 나오는 발원문입니다.

대원을 품고 외워라

아금지송대준제　我今持誦大准提
즉발보리광대원　卽發菩提廣大願
원아정혜속원명　願我定慧速圓明
원아공덕개성취　願我功德皆成就
원아승복변장엄　願我勝福遍莊嚴
원공중생성불도　願共衆生成佛道
제가 이제　준제주를　지송하오니

보리심을　발하오며　큰 원 세우고
선정 지혜　어서 속히　밝아지오며
모든 공덕　남김없이　성취하옵고
수승한 복　두루두루　장엄하오며
모든 중생　깨달음을　이뤄지이다

　이것이 바로 준제진언을 외우는 기본 자세로, 이러한
대원을 품고 외우면 마장에 걸리지 않음과 동시에 빨리
득력을 하게 됩니다.
　준제진언은 깨달음의 진언이기 때문에 '～해주십시오'
하는 구복적이거나 기복적인 발원을 하며 외워서는 안
됩니다. 준제진언이 생겨난 까닭이 '일체 중생 모두가 깨
달음을 성취하여 부처님 되게 하겠다'는 것이기 때문에,
나 스스로 부처님이 되겠다는 원을 발함은 물론이요, 선
정과 지혜를 닦고 공덕과 복을 두루 쌓아 일체 중생도
다 부처님 되게 하겠다는 대원을 품고 준제진언을 지송
해야 합니다.
　어떠한 역경이 다가오고 마장이 펼쳐질지라도, 부처님
이루는 이 길을 그냥 가야 합니다. 결단코 참된 나를 깨
달아 생사윤회의 흐름에서 벗어나고, 모든 이들과 함께
불국정토로 나아가겠다는 마음으로 사는 것이 가장 큰

자비요 가장 큰 수행입니다.

그런데 공부하여 깊이 들어가다 보면 남의 마음속이 들여다보이기도 하고 남의 운명을 볼 수 있게도 됩니다. 또 한두 가지 신통이 생길 수도 있습니다. 불자만이 아닙니다.

산에 가서 산신기도를 하거나 하나님을 외쳐 부르는 사람들 중에서 정신이 조금 열리거나 접신接神이 되어 남이 알지 못하는 것을 알게 되면, 도를 통했느니 신의 계시를 받았느니 하면서 병을 치료하거나 운명을 봐주기도 합니다.

이러한 때에 잘못되는 일이 많이 일어납니다. 그러므로 이러한 경지가 나타나면 참으로 조심해야 합니다. 사실 특별한 능력이 생겼다는 것은 공부가 조금 되었다는 이야기입니다. 그러므로 이때 대원을 굳건히 세워 생겨난 특별한 능력을 즐기지 않고 열심히 정진하게 되면, 더 빨리 높은 경지로 올라설 수 있습니다.

그런데 그 조그마한 경계에 집착하고 재미를 느껴 자꾸 빠져들게 되면, 영영 돌이킬 수 없는 나락으로 떨어져 버립니다. 특히 생겨난 신통한 능력을 자꾸 사용하다가 잃어버리게 되면, 다시는 그 능력을 얻을 수 없게 되는 경우가 많습니다.

그러므로 참된 공부인은 광대한 원을 세우고 그 원을 이룰 때까지 끊임없이 정진해야 합니다. 그렇게 정진하여 미운 사람 고운 사람 따로 없고 너와 나의 차별이 없는 절대 평등의 경지에 이르게 되면, 진정한 자유인이 되어 온 법계를 맑히고 세상 사람 모두를 살릴 수 있습니다.

깨달음의 진언인 준제진언! 이 준제진언은 광대한 원을 세울 것을 일깨워주고 있습니다. 비록 지금은 눈앞의 소원성취에 목말라 있을지라도, 마침내는 너와 나를 넘어서서 부처가 되고, 모든 중생과 더불어 성불하겠다는 원을 세워야 합니다.

이러한 대원을 기초로 삼아 선정과 지혜를 밝게 닦아 나아가면 다른 이들을 능히 살릴 수 있는 힘을 갖출 수 있게 되고, 모든 이들을 살리는 그 수승한 복은 다시 우주 법계를 장엄하게 되어, 나 혼자만이 아니라 일체 중생 모두가 다 함께 성불하는 길이 열리게 되는 것입니다.

모두가 관세음보살님의 한량없이 깊은 자비심에서 우러나온 대원을 꼭 발하시기를 축원드리면서, 준제진언에 대한 글을 마감합니다.

발원과 서원

여래십대발원문

여래십대발원문	如來十大發願文
원아영리삼악도	願我永離三惡道
원아속단탐진치	願我速斷貪瞋癡
원아상문불법승	願我常聞佛法僧
원아근수계정혜	願我勤修戒定慧
원아항수제불학	願我恒隨諸佛學
원아불퇴보리심	願我不退菩提心
원아결정생안양	願我決定生安養
원아속견아미타	願我速見阿彌陀
원아분신변진찰	願我分身遍塵刹
원아광도제중생	願我廣度諸衆生

세속에 사는 이는 대부분, '아들딸 좋은 대학에 진학하

고 좋은 직장에 취직하게 해주십시오', '남편 사업 잘되고 이번에 꼭 승진되게 해주십시오', '건강하고 부자 되게 해주십시오' 등등, 세상의 흐름 속에 푹 빠진 원들을 세우고 있습니다.

이러한 자기중심적인 원들은 참으로 소박하고 현실적인 것입니다. 그리고 이 고해를 살아가는 중생이라면 이러한 원을 세우고 기도하는 것 또한 너무나 당연합니다. 눈앞의 일을 해결해야만 편안하고 행복해지는 존재가 중생이기 때문입니다. 그러므로 현실적인 원을 성취하는 기도는 얼마든지 해도 좋습니다.

하지만 이러한 세속적인 원 속으로만 깊이깊이 빠져들면 우리를 근원으로부터 점점 더 멀어지게 하고, 자칫 잘못하면 이기적인 껍질을 두르게 하여 아래로 아래로 내려가게 만들어 버립니다. 그러므로 세속적인 작은 원에만 빠져 살아서는 아니되며, 작은 원 뒤에 반드시 큰 원을 발할 줄 알아야 합니다.

나의 굴레에 사로잡힌 원이 아니라 일체 중생을 위한 원, 세상의 흐름에 잠긴 채 발하는 원이 아니라 생사를 뛰어넘고 세상을 뛰어넘는 향상向上의 원을 발하여야 합니다.

그렇다면 어떤 것이 이러한 원인가? 모든 부처님들과

관세음보살님 등의 대보살님들이 당신 스스로와 일체
중생 모두의 성불을 목표로 삼아 세운 **여래십대발원문**如
來十代發願文이 그 대표적인 예입니다. 이제 이 여래십대발
원문의 하나하나를 살펴봅시다.

　　원아영리삼악도　願我永離三惡道
　　원아속단탐진치　願我速斷貪瞋癡
　　원하오니　삼악도를　길이 여의고
　　탐진치~　삼독심을　속히 끊으며

첫 번째 원인 **원아영리삼악도**는 육도六道 중에서 세 가
지 나쁜 세상인 지옥·아귀·축생의 세계를 영원히 떠나
바른 삶의 길로 나아가겠다는 것입니다.

그런데 이 삼악도는 인간 세상보다 못한 지옥·아귀·
축생계라는 다른 세계에만 있는 것이 아닙니다. 바로 우
리의 마음속에도 삼악도가 있습니다.

내가 무한한 탐욕심을 일으키면 아귀의 세계가 펼쳐지
고, 이기심이나 어리석음이 마음을 덮어 버릴 때 축생의
세계가 보이는 것이며, 억제할 수 없는 분노가 치솟을
때 지옥의 문이 열리는 것입니다.

바꾸어 말하면 내가 속히 탐진치심을 끊을 때(원아속단탐
진치) 영원히 삼악도를 벗어나게(원아영리삼악도) 됩니다.

실로 삼악도를 벗어나는 길은 자신의 마음을 이겨 내는 데서부터 비롯됩니다. 따라서 마음이 탐욕과 분노와 어리석음을 좇아가지 않도록 해야 합니다. 나의 이기적인 감정에 휩싸이지 않아야 삼악도를 영원히 떠날 수 있습니다.

그런데 우리는 어떻습니까? 유혹이 있으면 눈멀어 좇아가고, 조금만 힘들고 원하는 것을 이루지 못하면 슬픔과 분노의 감정에 빠져듭니다. 이렇게 살면 삼악도가 가깝다는 것을 정녕 모르십니까?

만약 스스로의 힘으로 유혹을 뿌리칠 수도 없고, 나를 힘들게 하는 감정을 벗어날 수 없다면, 불보살님께 의지하여 참회를 해야 합니다.

"잘못했습니다. 오직 제 탓입니다. 제가 지은 모든 잘못을 참회합니다."

이렇게 잘못을 적극적으로 받아들이고 적극적으로 참회할 때 행복과 평화를 안겨주는 광명이 점점 더 커져서 모든 고난을 쉽게 넘어설 수 있습니다. 그러므로 스스로가 지금 탐진치 속에 빠져들고 있음을 느낀다면 꼭 시간을 내어 참회하십시오.

시간을 쪼개서라도 절을 하거나 다라니를 외우거나 독경·사경을 하면서 참회해 보십시오. 틀림없이 평화로움을 되찾을 뿐 아니라, 불성의 무한능력이 빛을 발하여 탐진치심을 끊고 삼악도를 영원히 떠날 수 있게 됩니다.

원아상문불법승　願我常聞佛法僧
원아근수계정혜　願我勤修戒定慧
원아항수제불학　願我恒隨諸佛學
원아불퇴보리심　願我不退菩提心
불법승～　삼보 이름　항상 듣고서
계정혜～　삼학도를　힘써 닦으며
부처님을 따라서～　항상 배우고
원컨대～　보리심에　항상 머물며

　그럼 탐진치를 끊어 영원히 해탈하기 위해서는 어떻게 해야 하는가? 무엇보다 먼저 불법승 삼보三寶를 가까이 하는 생활부터 해야 합니다. 언제나 부처님을 지극한 마음으로 받들고, 참되고 바른 법을 나의 것으로 만들면서, 나 또한 승보僧寶의 일원이 되어 맑게 살아가야 합니다. 이렇게 사는 것이 **원아상문불법승**입니다.

　그리고 언제나 삼보와 함께하는 삶을 살기 위해서는 계戒·정定·혜慧 삼학三學을 부지런히 닦아 익혀야 합니다. 삼보에 대한 깊은 신심을 행동으로 옮겨 계정혜 삼학을 부지런히 닦아야 합니다.

곧 바른 삶의 방법인 계율을 잘 지키고, 산란함을 평화로움으로 바꾸는 선정을 익히고, 마음을 비워 있는 그대로를 꿰뚫어 볼 수 있는 지혜를 발현시켜야 합니다. 이것이 **원아근수계정혜**입니다.

이렇게 마음밭에 삼보에 대한 믿음과 계정혜 삼학의 씨를 심었으면 원아항수제불학과 원아불퇴보리심으로 가꾸어야 합니다.

원아항수제불학은 '항상 부처님을 받들면서 배우겠다'는 것만이 아니라, 세세생생 불법을 가까이하고 익혀 수행의 경지를 자꾸자꾸 향상시켜 나가겠다는 뜻이 간직되어 있습니다.

또 **원아불퇴보리심**은 모든 중생과 함께 위없는 깨달음을 이루는 성불의 길에서 결코 물러나지 않겠다는 것입니다.

이상의 제3에서 제6까지의 네 가지 원은 바로 성불의 비결입니다. 불법승 삼보를 잘 받들고, 계정혜 삼학을 부지런히 닦으면서, 언제나 부처님의 가르침과 함께하고, 결정코 부처님 되겠다는 무상보리심을 거듭거듭 발하는 것. 이것이 성불의 비결이라는 것을 꼭 명심하시기 바랍니다.

원아결정생안양　願我決定生安養

원아속견아미타　願我速見阿彌陀

원아분신변진찰　願我分身遍塵刹

원아광도제중생　願我廣度諸衆生

결정코~　　극락세계　가서 태어나

아미타~　　부처님을　친견하옵고

온 세계~　　모든 국토　몸을 나투어

모든 중생　빠짐없이　건져지이다

원아결정생안양의 '안양安養'은 극락의 다른 이름입니다. 지극한 행복의 세상인 극락에 태어나는 것을 불교에서는 매우 중요하게 생각합니다. 왜일까요? 극락에 태어나면 아무런 장애 없이 평화롭고 행복하게 살 뿐 아니라, 항상 불도를 닦아 반드시 성불할 수 있게 된다는 것입니다.

이 극락세계의 주인은 아미타불이며, 극락에 태어나는 이는 이 아미타불을 속히 친견하고(원아속견아미타) 직접 법문을 듣게 되는데, 그 법문을 들으면 성불하지 못하는 이가 없다고 합니다.

범어 '아미타불'은 한문으로 무량수불無量壽佛과 무량광불無量光佛이라고 번역합니다. 한량없는 수명과 한량없는 광명 자체인 분이 아미타불이라는 것입니다.

우리가 극락세계에 태어나게 되면 이 부처님을 친견하게 되며, 아미타불의 영원생명·무한광명과 나의 영원생명·무한광명이 하나로 합해지면서 성불을 하게 되고 지극히 행복한 극락의 삶을 누리게 됩니다.

하지만 자비심이 가득한 불자는 스스로가 극락의 삶을 누리게 되었다고 하여 거기에 안주하지 않습니다. 나와 법계가 둘이 아니요 법계의 중생이 나와 다른 존재가 아님을 깨달았기 때문에, **원아분신변진찰**, 티끌 수만큼 많은 국토에 몸을 나타내어, **원아광도제중생**, 일체 중생을 성불의 길로 이끌어 갑니다.

그리하여 중생이 모두 부처로 바뀌고 중생계가 불계佛界로 바뀔 때 여래의 원은 완전히 끝나는 것입니다.

시방세계 부처님 모두가 이상의 십대원을 발하고 닦아 부처를 이루었고, 우리 또한 성불하고자 한다면 이 열 가지 원을 발하여야 합니다. 정녕 탐진치 삼독과 삼악도의 흐름을 떠나 자유와 행복이 가득한 십대원과 함께하는 불자가 되기를 축원해 봅니다.

사홍서원

천수경에서는 여래의 원을 본받게 하고자 여래십대발원문을 외우도록 한 다음, 중생 스스로가 발하는 네 가지 큰 서원인 사홍서원四弘誓願을 곧바로 외우도록 하고 있습니다.

서원誓願은 맹세의 원입니다. 그렇게 되기를 희망하는 소원의 차원이 아니라, 스스로 꼭 그렇게 하겠다는 것입니다.

발사홍서원　發四弘誓願
중생무변서원도　衆生無邊誓願度
번뇌무진서원단　煩惱無盡誓願斷
법문무량서원학　法門無量誓願學
불도무상서원성　佛道無上誓願成
가없는~　중생을~　건지오리다
끝없는~　번뇌를~　끊으오리다
한없는~　법문을~　배우오리다
위없는~　불도를~　이루오리다

이 사홍서원은 모든 불자들이 잘 알고 있기 때문에 일

일이 풀이하지 않겠습니다. 그러나 이 사홍서원의 한 가지 특이한 사항만은 지적하고자 합니다.

사홍서원은 **가없고**〔無邊〕 **끝없고**〔無盡〕 **한없고**〔無量〕 **위없는**〔無上〕 '그 무엇'을 **맹세코**〔誓〕 하겠다는 것입니다.

가없기에 아무리 건져도 다 건질 수 없는 중생
끝없기에 끊어도 끊어도 끝없이 일어나는 번뇌
한없기에 배워도 배워도 배울 것이 남는 법문
위없기에 올라도 올라도 도달할 수 없는 불도

그런데도 우리는 '맹세코 하겠다'고 말합니다. 이러한 모순이 어디에 있습니까? 가만히 문장을 따져 보면 이루지 못할 것을 '하겠다'는 것입니다.

그럼 어떻게 해야 하는가? 포기해야 하는가?

아닙니다.

이 원이 비록 모순이요 이율배반이요 거짓일지라도 보살불자들은 마땅히 맹세해야 합니다. 가능함이 보장되어 있기 때문에 '하겠다'고 맹세하는 것이 아니라, 이것이 참된 불자의 길이요 불자가 마땅히 나아가야 할 길이기 때문에 맹세하고 또 나아가는 것입니다.

끝이 보장되어 있지 않고 눈앞에 보이지도 않는 길이

지만, 우리 불자들은 한결같이 나아가야 합니다. 중생을 건지고 번뇌를 끊고 법문을 배우고 불도를 이루는 것이, 대승보살불자라면 당연히 해야 할 바요 소원이요 생명력이요 근본에너지요 생활이기 때문입니다.

우리는 그 어떤 성취에 앞서, 한결같이 나아가는 이 사홍서원의 정신을 마음에 담아야 합니다.

정녕 **원**顧이 무엇입니까? **원은 나의 마음가짐이요 결심**입니다. 비록 그 원이 성취하기 힘들거나 불가능해 보일지라도, 마음가짐을 바르게 하여 꾸준히 닦아 가면 원에 깃드는 힘인 **원력**願力이 생기고, 그 원 속에서 마음을 넉넉하게 쓰면 행복이 스스로 깃들게 됩니다.

그러하거늘, 어찌 이 사홍서원을 나의 원으로 삼지 않을 것입니까?

이제 '발사홍서원'의 뒷구절은 우리의 자성 쪽으로 향합니다.

자성중생서원도　自性衆生誓願度
자성번뇌서원단　自性煩惱誓願斷
자성법문서원학　自性法門誓願學
자성불도서원성　自性佛道誓願成
자성의~　중생을~　건지오리다

자성의~ 번뇌를~ 끊으오리다
자성의~ 법문을~ 배우오리다
자성의~ 불도를~ 이루오리다

자성은 내 속에 갈무리되어 있는 불성佛性이요, 자성 속의 중생은 눈에 보이는 어떠한 생명체가 아니라, 무명 속에 갇혀 있는 생각들입니다. 바꾸어 말하면 홀연히 일어났다가 사라지는 탐진치 등의 번뇌망상이 나 속의 중생입니다. 그러므로 자성번뇌서원단이 되면 **자성중생서원도**는 저절로 이루어집니다.

그럼 **자성번뇌서원단**을 하는 방법은 무엇인가? 자성속에 갖추어져 있는 법문, 자성 속의 무한 광명을 발현시키면 무명 번뇌의 어두움은 순식간에 사라집니다. 그러므로 무한광명을 발현시키는 염불·독경·사경·주력수행·참선 등을 꾸준히 행하는 **자성법문서원학**을 통하여 마음을 맑히고 밝혀 가야 하며, 그 결과가 바로 **자성불도서원성**입니다. 자성의 불도를 반드시 이룰 수 있게 되는 것입니다.

쉼 없이 솟아오르는 번뇌를 끊고 '나'라는 중생을 제도하기 위해서는 틈나는대로 법문을 듣고 그 법을 행하여야 합니다. 안 되는 참선이요 경전공부요 염불이요 주력

수행일지라도, 하고자 노력하고 또 노력해야 합니다. 비록 지금 잘되지 않을지라도 맹세로써 마음을 다잡고 부지런히 익혀나가면, 내 속의 중생이 부처로 바뀌면서 자성불도를 이룰 수 있습니다.

　꼭 명심하십시오. 사홍서원은 조금 가다가 멈추는 원이 아니라, 세세생생 어느 곳에 다시 태어나더라도 내가 배우고 이루어야 할 나의 일이요 나의 맹세입니다. 그러므로 사홍서원을 외우며 끊임없이 향상의 길로 나아가고자 해야 할 것입니다.

삼귀의

　이제 천수경은 삼보에 대한 귀명례를 하며 끝을 맺습니다. 곧 삼귀의三歸依를 하는 것입니다.

　　발원이 귀명례삼보　發願已 歸命禮三寶
　　제가 이제　삼보님께　귀명합니다

　　나무상주시방불　南無常住十方佛
　　나무상주시방법　南無常住十方法

나무상주시방승　南無常住十方僧

시방세계　부처님께　귀명합니다

시방세계　가르침에　귀명합니다

시방세계　스님들께　귀명합니다

이 귀명례삼보에서 주목한 단어는 **상주시방**常住十方입니다. 불법승 삼보가 시방세계 어느 곳에나 어느 때에나 항상 있다는 것입니다. 바꾸어 말하면, 시방세계의 모든 것이 부처님의 화현이요 진리의 시현이요 우리를 깨우치는 스승이므로 마땅히 귀의해야 한다는 것입니다.

시방세계, 곧 이 우주대법계의 모든 유정물有情物과 무정물無情物은 우리에게 끊임없이 법문을 설하고 있습니다. 따라서 마음을 한껏 열고 귀를 기울이게 되면 부모나 스승의 말씀만이 아니라, 아내·남편·아들딸의 말 한 마디가 법문이요, 이웃과 나의 대화, 중생의 하소연, 손님과 주인의 대담은 물론이요 새소리·바람소리·물소리 등, 모든 것이 무엇 하나 놓칠 수 없는 법문이 됩니다.

또한 나의 쪽으로 돌아보면, **청정한 마음이 부처요 밝은 마음이 법이요 걸림없는 마음이 승**이니, 내 마음만 잘 다스리면 언제나 나에게 상주하는 불법승 삼보에 귀의하는 것이 됩니다.

모름지기 자비심을 일으켜 유정·무정물의 법문에 귀를 기울이고, 내 마음을 맑히고 밝히고 걸림없이 만들기 위해 부지런히 노력하는 것이 어디에나 어느 때에나 계신 불법승 삼보에 귀의하는 지름길이라는 것을 꼭 기억하시기 바랍니다.

❈

이제 천수경 법문을 마무리할 때가 되었습니다.

지금까지 천수경을 함께 공부해 본 결과, '천수경은 눈앞의 소원을 이루어주고 안락한 삶을 가져다주는 경'이라는 기복적인 의미를 훨씬 능가하고 있다는 것을 알 수 있었습니다.

또한 천수경은 우리에게 새로운 가르침을 주었습니다.

· 이기심만 챙기지 말고 자비심을 품고 살아가라는 것.
· 나와 남을 함께 살리는 자리이타의 길을 걸으라는 것.
· 언제나 부처님과 관세음보살님을 잘 모시고 삼보를 잘 받들라는 것.

이렇게 할 때 업장이 빨리 녹고 심중소원이 보다 빨리

성취되며, 대지혜와 대자비와 대평화와 대행복이 충만되어 있는 불국토의 삶을 열 수 있게 된다는 것을 일깨워 주었습니다.

천수경과 함께하는 관음행자들이여. 부디 자비심을 품고 부처님과 관세음보살님과 삼보를 잘 받들면서 자리이타의 길을 걸어가십시오. 틀림없이 관세음보살님께서는 무한자비와 무한능력으로 우리들 삶의 안락을 보장할 뿐 아니라, 자꾸자꾸 향상시켜 큰 깨달음에로, 마침내는 부처의 자리로 우리를 인도하십니다.

왜? 그것이 부처님과 관세음보살님의 본원本願이기 때문입니다. 근본서원력이기 때문입니다.

이 천수경을 한 번 외우면 귀의·발원·찬탄·참회·다라니염송·기도·회향까지를 한꺼번에 모두 행할 수 있습니다. 이 얼마나 자비로운 경전 구성입니까? 어떻게 기도해야 하는지를 잘 모르는 이를 위해 저절로 완벽한 기도가 되게 만들어 놓은 경전이 바로 『천수경』인 것입니다.

이제 우리는 기도인들이 그냥 따라만 해도 기도를 가장 완벽하게 할 수 있도록 만들어 놓은 기도지침서인 '천수경'에 의지하여 자신 있게 기도하면 됩니다.

자신 있게 기도하십시오. 가피가 틀림없이 함께합니다. 저도 이 천수경을 독송하여, 또 사경을 하여 몇 번의 가피와 영험을 체험하였습니다. 참으로 기대 이상으로 빨리, 그리고 정확하게 가피가 다가왔었습니다.

거듭 강조하건대, 천수경은 관세음보살님의 대자비, 그리고 관세음보살님께서 깨친 우주의 대진리와 함께하는 방법을 설해 놓은 경입니다. 그러므로 이 경을 읽고 쓰고 마음에 지니게 되면, 관세음보살님께서는 지금 이곳에서 우리를 지켜주고 우리와 함께하십니다. 자연 우리는 관세음보살님의 품에 안겨, 그 크나큰 자비 속에서 내 마음속에 잠들어 있는 영혼을 깨울 수 있게 됩니다.

나아가 이 천수경은 우리 속의 신령스럽고 불가사의한 영원생명과 무한행복을 개발하게 하는 경전이며, 천수경을 독경하고 사경하는 그 시간은 '나도 내 속에 있는 영원생명과 무한능력을 개발하여 관세음보살이 되겠다'고 서원하는 시간이기도 합니다.

이렇게 천수경과 함께하고 관세음보살께 귀의하면서, '나도 그렇게 되겠다'고 끊임없이 서원을 하며 한 걸음 한 걸음 나아가다 보면, '부처'라는 자리에까지 나아가게 된다고 하였습니다.

이런 면에서 보면 천수경은 공덕을 안겨주는 공덕경의 차원이 아니라, 성불의 경지에 이르게 하는 요의경了義經이라는 것을 능히 알 수 있습니다.

이제부터 열심히 천수경과 함께하십시오. 그 누구든 관세음보살과 벗하는 아름다운 시간을 가질 수 있게 되고, 함께하는 시간 속에서 고통·슬픔·불안·외로움 등은 자취를 감추게 되며, 평화로움·고요함·자유로움·행복감 등이 함께함을 느낄 수 있게 됩니다.

더 나아가 관세음보살님의 대자비로 꾸며진 반야용선을 함께 타는 순간, 우리의 마음에서는 참된 자비의 광명이 일어나, 나에게서 주변으로 시방으로 우주로 환하게 퍼져나가게 됩니다.

아, 이 얼마나 환희롭고 행복한 삶입니까?

뜻을 새기며 독경하고 사경하면 저절로 공덕을 성취하고 큰 복을 얻을 수 있게 해주는 천수경! 부디 관세음보살님을 굳건히 믿고 부지런히 천수경을 독경·사경하여, 심중소원을 성취하고 대해탈을 이루시기를 두 손 모아 축원드리면서, 미력하나마 온 마음을 다해 해설한 『생활 속의 천수경』을 끝맺습니다.

이 글이 진실하고 함께하는 공덕이 있을지면, 간절한 마음으로 그 진실과 공덕을 만나는 소중한 인연들과 모든 중생의 자비·지혜·평화·행복·대해탈이 가득한 삶에로 회향하옵니다.

나무 광대원만 무애대비 관세음보살.

독송용 천수경
(한문 한글 대조)

천수경 千手經

정구업진언 淨口業眞言

수리수리 마하수리 수수리 사바하 (3번)

오방내외안위제신진언 五方內外安慰諸神眞言

나무 사만다 못다남 옴 도로도로 지미 사바하 (3번)

개경게 開經偈

無上甚深微妙法
무상심심미묘법　　위없이~　　심히깊은　　미묘한법을

百千萬劫難遭遇
백천만겁난조우　　백천만겁　　지난들~　　어찌만나리

我今聞見得受持
아금문견득수지　　제가이제　　보고듣고　　받아지니니

願解如來眞實義
원해여래진실의　　부처님의　　진실한뜻　　알아지이다

개법장진언 開法藏眞言

옴 아라남 아라다 (3번)

千手千眼 觀自在菩薩
천수천안 관자재보살   천수천안 관음보살 광대하고

廣大圓滿 無碍大悲心
광대원만 무애대비심   원만하며 걸림없는 대비심의

大陀羅尼 啓請
대다라니 계청   다라니를 청하옵니다

稽首觀音 大悲呪
계수관음대비주   자비로운 관세음께 절하옵나니

願力弘深 相好身
원력홍심상호신   크신원력 원만상호 갖추시옵고

千臂莊嚴 普護持
천비장엄보호지   천손으로 중생들을 거두시오며

千眼光明 遍觀照
천안광명변관조   천눈으로 광명비춰 두루살피네

眞實語中 宣密語
진실어중선밀어   진실하온 말씀중에 다라니펴고

無爲心內 起悲心
무위심내기비심   함이없는 마음중에 자비심내어

速令滿足 諸希求
속령만족제희구   온갖소원 지체없이 이뤄주시고

永使滅除 諸罪業
영사멸제제죄업   모든죄업 길이길이 없애주시네

天龍衆聖 同慈護
천룡중성동자호   천룡들과 성현들이 옹호하시고

百千三昧 頓熏修
백천삼매돈훈수   백천삼매 한순간에 이루어지니

受持身是 光明幢
수지신시광명당   이다라니 지닌몸은 광명당이요

受持心是 神通藏
수지심시신통장   이다라니 지닌마음 신통장이라

洗滌塵勞 願濟海
세척진로원제해   모든번뇌 씻어 내고 고해를건너

超證菩提 方便門
초증보리방편문   보리도의 방편문을 얻게되오며

我今稱誦 誓歸依
아금칭송서귀의   제가이제 지송하고 귀의하오니

所願從心悉圓滿
소원종심실원만 온갖소원 마음따라 이뤄지이다

南無大悲觀世音
나무대비관세음 자비하신 관세음께 귀의하오니
願我速知一切法
원아속지일체법 일체법을 어서속히 알아지이다
南無大悲觀世音
나무대비관세음 자비하신 관세음께 귀의하오니
願我早得智慧眼
원아조득지혜안 지혜의눈 어서어서 얻어지이다
南無大悲觀世音
나무대비관세음 자비하신 관세음께 귀의하오니
願我速度一切衆
원아속도일체중 모든중생 어서속히 건네지이다
南無大悲觀世音
나무대비관세음 자비하신 관세음께 귀의하오니
願我早得善方便
원아조득선방편 좋은방편 어서어서 얻어지이다
南無大悲觀世音
나무대비관세음 자비하신 관세음께 귀의하오니
願我速乘般若船
원아속승반야선 지혜의배 어서속히 올라지이다
南無大悲觀世音
나무대비관세음 자비하신 관세음께 귀의하오니
願我早得越苦海
원아조득월고해 고통바다 어서어서 건너지이다
南無大悲觀世音
나무대비관세음 자비하신 관세음께 귀의하오니
願我速得戒定道
원아속득계정도 계정혜를 어서속히 얻어지이다
南無大悲觀世音
나무대비관세음 자비하신 관세음께 귀의하오니
願我早登圓寂山
원아조등원적산 열반언덕 어서어서 올라지이다

南無大悲觀世音
나무대비관세음 자비하신 관세음께 귀의하오니

願我速會無爲舍
원아속회무위사 무위집에 어서속히 들어지이다

南無大悲觀世音
나무대비관세음 자비하신 관세음께 귀의하오니

願我早同法性身
원아조동법성신 진리의몸 어서어서 이뤄지이다

我若向刀山
아약향도산 칼산지옥 제가가면

刀山自摧折
도산자최절 칼산절로 꺾여지고

我若向火湯
아약향화탕 화탕지옥 제가가면

火湯自消滅
화탕자소멸 화탕절로 사라지며

我若向地獄
아약향지옥 지옥세계 제가가면

地獄自枯渴
지옥자고갈 지옥절로 없어지고

我若向餓鬼
아약향아귀 아귀세계 제가가면

餓鬼自飽滿
아귀자포만 아귀절로 배부르며

我若向修羅
아약향수라 수라세계 제가가면

惡心自調伏
악심자조복 악한마음 선해지고

我若向蓄生
아약향축생 축생세계 제가가면

自得大智慧
자득대지혜 지혜절로 얻어지이다

나무관세음보살마하살	南無觀世音菩薩摩訶薩
나무대세지보살마하살	南無大勢至菩薩摩訶薩
나무천수보살마하살	南無千手菩薩摩訶薩
나무여의륜보살마하살	南無如意輪菩薩摩訶薩
나무대륜보살마하살	南無大輪菩薩摩訶薩
나무관자재보살마하살	南無觀自在菩薩摩訶薩
나무정취보살마하살	南無正趣菩薩摩訶薩
나무만월보살마하살	南無滿月菩薩摩訶薩
나무수월보살마하살	南無水月菩薩摩訶薩
나무군다리보살마하살	南無軍茶利菩薩摩訶薩
나무십일면보살마하살	南無十一面菩薩摩訶薩
나무제대보살마하살	南無諸大菩薩摩訶薩
나무본사아미타불	南無本師阿彌陀佛 (3번)

신묘장구대다라니 神妙章句大陀羅尼

나모라 다나다라 야야 나막알약 바로기제 새바라야

모지사다바야 마하사다바야 마하가로니가야

옴 살바 바예수 다라나 가라야 다사명 나막까리다바

이맘알야 바로기제 새바라다바 니라간타 나막하리
나야 마발다 이사미 살발타 사다남 수반 아예염 살
바 보다남 바바말아 미수다감 다냐타 옴 아로게 아
로가 마지로가 지가란제 혜혜하례 마하모지 사다바
사마라 사마라 하리나야 구로구로 갈마 사다야 사
다야 도로도로 미연제 마하미연제 다라다라 다린 나
례 새바라 자라자라 마라 미마라 아마라 몰제 예혜
혜 로계 새바라 라아 미사미 나사야 나베 사미사미
나사야 모하자라 미사미 나사야 호로호로 마하호로
하례 바나마 나바 사라사라 시리시리 소로소로 못쟈
못쟈 모다야 모다야
매다리야 니라간타 가마사 날사남 바라하리 나야
마낙 사바하   싯다야 사바하   마하싯다야 사바하
싯다 유예 새바라야 사바하   니라간타야 사바하   바
라하 목카 싱하 목카야 사바하   바나마 하따야 사바
하   자가라 욕다야 사바하   상카섭나녜 모다나야 사
바하   마하라 구타다리야 사바하   바마사간타 이사
시체다 가릿나 이나야 사바하   먀가라 잘마 이바사

나야 사바하

「나모라 다나다라 야야 나막알야 바로기제 새바라야

사바하」(3번)

(사방찬 四方讚)

一灑東方潔道場
일쇄동방결도량　　동방에～　　물뿌리니　　도량이맑고

二灑南方得清凉
이쇄남방득청량　　남방에～　　물뿌리니　　청량얻으며

三灑西方俱淨土
삼쇄서방구정토　　서방에～　　물뿌리니　　정토이루고

四灑北方永安康
사쇄북방영안강　　북방에～　　물뿌리니　　평안해지네

(도량찬 道場讚)

道場清淨無瑕穢
도량청정무하예　　온도량이　　청정하여　　티끌없으니

三寶天龍降此地
삼보천룡강차지　　삼보천룡　　이도량에　　강림하시네

我今持誦妙眞言
아금지송묘진언　　제가이제　　묘한진언　　외우옵나니

願賜慈悲密加護
원사자비밀가호　　대자대비　　베푸시어　　가호하소서

(참회게 懺悔偈)

我昔所造諸惡業
아석소조제악업　　지난세월　　제가지은　　모든악업은

皆由無始貪瞋癡
개유무시탐진치 　옛적부터　탐진치로　말미암아서
從身口意之所生
종신구의지소생 　몸과말과　생각으로　지었사오니
一切我今皆懺悔
일체아금개참회 　제가이제　모든죄업　참회합니다

　　(참제업장십이존불　懺除業障十二尊佛)

나무참제업장보승장불　　南無懺除業障寶勝藏佛

보광왕화염조불　　寶光王火炎照佛

일체향화자재력왕불　　一切香火自在力王佛

백억항하사결정불　　百億恒河沙決定佛

진위덕불　　振威德佛

금강견강소복괴산불　　金剛堅强消伏壞散佛

보광월전묘음존왕불　　寶光月殿妙音尊王佛

환희장마니보적불　　歡喜藏摩尼寶積佛

무진향승왕불　　無盡香勝王佛

사자월불　　獅子月佛

환희장엄주왕불　　歡喜莊嚴珠王佛

제보당마니승광불　　帝寶幢摩尼勝光佛

(십악참회 十惡懺悔)

殺生重罪 今日懺悔
살생중죄 금일참회 살생으로 지은죄업 참회합니다

偸盜重罪 今日懺悔
투도중죄 금일참회 도둑질로 지은죄업 참회합니다

邪淫重罪 今日懺悔
사음중죄 금일참회 사음으로 지은죄업 참회합니다

妄語重罪 今日懺悔
망어중죄 금일참회 거짓말로 지은죄업 참회합니다

綺語重罪 今日懺悔
기어중죄 금일참회 꾸민말로 지은죄업 참회합니다

兩舌重罪 今日懺悔
양설중죄 금일참회 이간질로 지은죄업 참회합니다

惡口重罪 今日懺悔
악구중죄 금일참회 악한말로 지은죄업 참회합니다

貪愛重罪 今日懺悔
탐애중죄 금일참회 탐욕으로 지은죄업 참회합니다

瞋恚重罪 今日懺悔
진에중죄 금일참회 성냄으로 지은죄업 참회합니다

癡暗重罪 今日懺悔
치암중죄 금일참회 어리석어 지은죄업 참회합니다

百劫積集罪
백겁적집죄 오랜세월 쌓인죄업

一念頓蕩盡
일념돈탕진 한생각에 없어지니

如火焚枯草
여화분고초 마른풀이 타버리듯

滅盡無有餘
멸진무유여 남김없이 사라지네

罪無自性從心起
죄무자성종심기 죄의 자성 본래 없어
마음 따라 일어나니

心若滅是罪亦忘
심약멸시죄역망
마음이~ 사라지면
죄도 함께 없어지네

罪忘心滅兩俱空
죄망심멸양구공
모든 죄가 없어지고
마음조차 사라져서

是卽名爲眞懺悔
시즉명위진참회
죄와 마음 공해지면
진실한~ 참회라네

참회진언 懺悔眞言

옴 살바 못자 모지사다야 사바하 (3번)

准堤功德聚
준제공덕취
준제주는　모든공덕　보고이어라

寂靜心常誦
적정심상송
고요한~　마음으로　항상외우면

一切諸大難
일체제대난
이세상~　그어떠한　재난이라도

無能侵是人
무능침시인
이사람을　절대로~　침범못하며

天上及人間
천상급인간
하늘이나　사람이나　모든중생이

受福如佛等
수복여불등
부처님과　다름없는　복을받으니

遇此如意珠
우차여의주
이와같은　여의주를　지니는이는

定獲無等等
정획무등등
결정코~　최상의법　이루오리라

나무칠구지불모대준제보살 南無七俱胝佛母大准提菩薩 (3번)

정법계진언 淨法界眞言

옴 남 (3번)

호신진언 護身眞言

옴 치림 (3번)

관세음보살 본심미묘 육자대명왕진언
觀世音菩薩 本心微妙 六字大明王眞言

옴 마니 반메 훔 (3번)

준제진언 准提眞言

나무 사다남 삼막삼못다 구치남 다냐타

「옴 자례 주례 준제 사바하 부림」 (3번)

我今持誦大准提
아금지송대준제   제가이제   준제주를   지송하오니
即發菩提廣大願
즉발보리광대원   보리심을   발하오며   큰원세우고
願我定慧速圓明
원아정혜속원명   선정지혜   어서속히   밝아지오며

願我功德皆成就
원아공덕개성취　　모든공덕　　남김없이　　성취하옵고

願我勝福遍莊嚴
원아승복변장엄　　수승한복　　두루두루　　장엄하오며

願共衆生成佛道
원공중생성불도　　모든중생　　깨달음을　　이뤄지이다

여래십대발원문 如來十大發願文

願我永離三惡道
원아영리삼악도　　원하오니　　삼악도를　　길이여의고

願我速斷貪瞋癡
원아속단탐진치　　탐진치~　　삼독심을　　속히끊으며

願我常聞佛法僧
원아상문불법승　　불법승~　　삼보이름　　항상듣고서

願我勤修戒定慧
원아근수계정혜　　계정혜~　　삼학도를　　힘써닦으며

願我恒隨諸佛學
원아항수제불학　　부처님을　　따라서~　　항상배우고

願我不退菩提心
원아불퇴보리심　　원컨대~　　보리심에　　항상머물며

願我決定生安養
원아결정생안양　　결정코~　　극락세계　　가서태어나

願我速見阿彌陀
원아속견아미타　　아미타~　　부처님을　　친견하옵고

願我分身遍塵刹
원아분신변진찰　　온세계~　　모든국토　　몸을나투어

願我廣度諸衆生
원아광도제중생　　모든중생　　빠짐없이　　건져지이다

발사홍서원 發四弘誓願

衆生無邊誓願度
중생무변서원도　　가없는~　　중생을~　　건지오리다

228

煩 惱 無 盡 誓 願 斷			
번뇌무진서원단	끝없는~	번뇌를~	끊으오리다
法 門 無 量 誓 願 學			
법문무량서원학	한없는~	법문을~	배우오리다
佛 道 無 上 誓 願 成			
불도무상서원성	위없는~	불도를~	이루오리다
自 性 衆 生 誓 願 度			
자성중생서원도	자성의~	중생을~	건지오리다
自 性 煩 惱 誓 願 斷			
자성번뇌서원단	자성의~	번뇌를~	끊으오리다
自 性 法 門 誓 願 學			
자성법문서원학	자성의~	법문을~	배우오리다
自 性 佛 道 誓 願 成			
자성불도서원성	자성의~	불도를~	이루오리다

發 願 已 歸 命 禮 三 寶			
발원이 귀명례삼보	제가이제	삼보님께	귀명합니다
南 無 常 住 十 方 佛			
나무상주시방불	시방세계	부처님께	귀명합니다
南 無 常 住 十 方 法			
나무상주시방법	시방세계	가르침에	귀명합니다
南 無 常 住 十 方 僧			
나무상주시방승	시방세계	스님들께	귀명합니다
(3번)			(3번)

〈천수경 독송 끝〉

※『천수경』을 한문본으로 읽는 이는 왼쪽 원문을, 한글본으로 읽는 이는 오른쪽 번역문을 독송하면 됩니다. 그리고 진언·다라니·불보살 명호 등은 한문·한글본 독송자가 공통으로 읽습니다.

※ 괄호로 묶은 작은 제목은 독송하지 않습니다.

예) (사방찬) (참회게) 등

기도 및 영가천도의 지침서

광명진언 기도법 / 일타스님·김현준   신국판 176쪽 6,000원
광명진언 기도를 널리 펴고자 일타스님과 김현준 원장이 함께 저술한 책. 광명진언 속에 새겨진 참의미와 바른 기도법, 빠른 기도성취법 등을 자상하게 설하고, 유형별 기도성취 경험담을 다양하게 수록하였으며, 누구나 보기 쉽도록 큰활자로 발간하였습니다. 광명진언을 외우면 행복과 평화, 영가천도, 소원성취를 이룰 수 있습니다.

기도 / 일타스님   신국판 240쪽 8,000원
총 6장 52편의 다양한 기도 영험담으로 엮어진 이 책을 읽다보면 기도를 통해 틀림없이 부처님의 가피를 입을 수 있음을 확신할 수 있게 되고, 올바른 기도법과 함께 기도성취의 지름길을 알 수 있게 됩니다.

기도성취 백팔문답 / 김현준   신국판 240쪽 8,000원
기도에 대한 정의·기도와 믿음·업장소멸의 방법·꾸준한 기도의 효험·원을 세우는 법·축원법·각종 기도가피와 기도성취의 시기·성취를 위한 하심법下心法 등 기도에 관한 궁금증들을 문답형식으로 자상하게 풀이하였습니다.

참회와 사랑의 기도법 / 김현준   신국판 192쪽 6,500원
총 84가지 문답을 통하여 참회의 정의에서부터 참회기도를 해야하는 까닭, 절을 통한 참회법·염불참회법·주력참회법·가족을 향한 참회법, 기도 축원의 구체적인 내용 및 자비의 기도가 갖는 효과, '백중과 영가천도'등에 대해 아주 상세하게 설명하고 있습니다.

참회·참회기도법 / 김현준   신국판 160쪽 5,500원
참회의 참된 의미, 절·염불을 통한 참회법, 참회인의 마음가짐, 이참법 등을 경험담들과 함께 감동 깊게 엮은 책으로, 참회를 통해 행복하고 자유로운 삶을 사는 방법을 열어주고 있습니다.

불교의 자녀사랑 기도법 / 김현준   신국판 160쪽 5,500원
사랑하는 자녀들을 가장 잘 사랑할 수 있는 방법을 부처님의 가르침에 의지하여 정립하고 생활화한 책입니다. 이 책의 가르침을 따라 자녀를 사랑하고 기도해보십시오. 우리의 자녀들이 뜻하는 바 소원을 성취하고, 행복과 평화를 누릴 수 있게 될 것입니다. 부록으로 부모님께 효도하여야 하는 까닭과 방법도 수록하였습니다.

참회〈신간〉 / 김현준   4×6판 160쪽 5,000원
참회의 원리와 공덕, 절·염불·주력을 통한 참회법, 간단하면서도 효과가 큰 오회참법, 자비축원의 참회, 이참법, 원효대사의 대승육정참회 등을 감동 깊게 엮은 책으로, 참회를 통해 깨달음을 이루고 자유로운 삶과 행복하게 사는 방법 등을 일러주고 있습니다.

법보시를 원하시는 분은 출판사로 연락 주십시오. 할인혜택을 드립니다.
전화 02-587-6612, 582-6612 팩스 02-586-9078

신묘장구대다라니 기도법 / 우룡스님·김현준 신국판 208쪽 7,000원
신묘장구대다라니를 외우면 생겨나는 가피와 공덕, 기도의 방법과 주의할 점, 우룡스님이 들려주는 14편의 영험담, 대다라니의 근본경전인 『무애대비심다라니경』을 수록하고 있는 이 책을 읽고 자신있게 기도하면 심중소원의 성취와 기적같은 체험도 할 수 있습니다.

기도 성취의 지름길 / 우룡스님   4×6판 160쪽 4,500원
가족을 위한 기도와 기도 성취의 원리에 초점을 맞춘 감동적인 기도법문입니다. 제1부 「가족 행복을 위한 기도」에서는 가족을 향한 참회와 절의 필요성, 3배 기도의 큰 영험에 대해 일러주고 있으며, 제2부 「빠른 기도 성취의 길」에서는 믿음과 정성이 뒤따라야 기도 성취를 잘할 수 있고, 기도의 고비를 잘 넘겨야 능히 행복과 대해탈의 문이 열린다는 것을 많은 이야기를 곁들여 설하고 있습니다.

기도 이야기 / 우룡스님   신국판 204쪽 7,000원
"스님, 기도로 소원을 성취할 수 있습니까?" 총 6장 45편의, 참으로 재미있는 기도성취 영험담이 수록된 이 책을 읽고 기도를 하면, 불보살님과 통하는 감응의 길이 열리면서 심중소원을 빨리 성취하게 됩니다. 또한 이야기 끝에 붙인 큰스님의 해설은 기도의 방법을 쉽게 터득할 수 있도록 이끌어줍니다.

영가천도 / 우룡스님   신국판 160쪽 5,500원
영가의 장애를 느끼십니까? 돌아가신 영가를 영가를 제대로 천도해 드리지 못했습니까? 영가천도의 필요성과 기본자세, 염불·독경·사경을 통한 영가천도, 49재, 낙태아 천도 등 영가천도에 관한 궁금증 및 천도의 방법을 우룡스님의 자세한 법문으로 풀어드립니다.

관음신앙·관음기도법 / 김현준   신국판 240쪽 8,000원
관세음보살의 구원 능력, 주요 경전 속의 관음관, 11면관음·천수관음·32응신·33관음 등 자비관음의 여러 가지 모습, 일심칭명 일념염불의 관음기도법, 독경 사경 기도법, 다라니 염송 기도법 등을 자세하고도 알기 쉽게 풀이하였습니다.

미타신앙·미타기도법 / 김현준   신국판 160쪽 5,500원
아미타불의 참 모습에서부터 극락에서 누리는 행복, 칭명염불·오회염불·관상염불·천도염불 등의 각종 염불수행법과 함께 임종하는 이를 위한 의식과 49재 기간의 행법 등을 자세히 밝히고 있습니다.

지장신앙·지장기도법 / 김현준   신국판 192쪽 6,500원
지장신앙 속에는 영가천도뿐만이 아니라 현세에서의 행복과 깨달음, 성불의 비결까지 간직되어 있습니다. 이러한 지장신앙의 여러 측면과 함께 생활 속에서 할 수 있는 지장기도법을 자세히 밝혀놓았습니다.

병환과 기도 / 일타스님·김현준   4×6판 84쪽 2,500원

일타큰스님의 스테디셀러

불자의 마음가짐과 수행법 / 일타스님　　　　신국판　192쪽　6,500원
불자들이 큰 행복과 대자유를 얻기 위해서는 어떠한 마음가짐으로 살아야 하며, 참선·염불·간경·주력의 불교 4대 수행법을 어떻게 닦아야 하는가를 갖가지 비유를 들어 자상하게 설하고 있습니다.

불자의 기본 예절 / 일타스님　　　　　　　신국판　160쪽　5,500원
불교 예절의 근본이 되는 마음가짐과 말씨, 걸음걸이와 앉음새, 합장법, 절하는 법, 법당에서의 예절, 법문 듣는 법, 목욕·입측법 등 절집안의 생활 예절을 보다 쉽게 접할 수 있도록 많은 이야기를 곁들여 재미있게 엮었습니다.

오계이야기 / 일타스님　　　　　　　　　　신국판　160쪽　5,500원
살생·투도·사음·망어의 근본 4계에 불음주계를 합한 5계에 대한 법문집. 재미있는 일화를 들어 각 계율의 연원과 지키는 방법, 계율을 범했을 때의 과보 등을 자세히 설했습니다. 복된 불자의 길로 나아가게 하는 불자의 필독서입니다.

● 신행과 포교를 위한 휴대용 불서 ●

행복과 성공을 위한 도담 / 경봉스님	4×6판	100쪽	3,000원
생활 속의 기도법 / 일타스님	4×6판	100쪽	3,000원
광명진언 기도법 / 일타스님·김현준	4×6판	100쪽	3,000원
보왕삼매론 풀이 / 김현준	4×6판	100쪽	3,000원
불교예절입문 / 일타스님	4×6판	100쪽	3,000원
불자의 삶과 공부 / 우룡스님	4×6판	100쪽	3,000원
바느질하는 부처님 / 김현준 엮음	4×6판	100쪽	3,000원

육조단경(덕이본德異本) 증보개정판 / 김현준 역　　4X6배판　208쪽　8,000원
육조 혜능대사께서 설한 선종의 근본 경전으로, 인간의 참된 본성을 보게 하여 마음을 치유하고 깨달음을 열어줍니다. 계속 정독하면 영성이 깨어나고 대자유인이 될 수 있습니다. 증보개정판을 내면서 한글 번역 옆에 한자 원문을 붙여 뜻을 잘 이해할 수 있도록 하였으며, 글씨를 조금 더 크고 뚜렷하게 하여 읽기 좋도록 하였습니다.

선가귀감 / 서산대사 저　김현준 역　　　　　4X6배판　136쪽　6,000원
조선시대 최고의 고승인 서산대사께서 선禪에 대한 다양한 가르침을 중심에 두고 참회·염불·계율·육바라밀·도인의 삶 등을 간절하게 설하여 불자들의 신심과 정진에 큰 도움을 주는 소중한 책입니다. 읽으면 읽을수록 쾌락함과 깊은 맛을 느낄 수 있습니다.
　　　　　　　　　　　　　　　　　　　　　　　　　(한글 한문 대조본)

경봉·우룡큰스님의 스테디셀러

뭐가 그리 바쁜노(경봉대선사 일화집) / 김현준 엮음

삶! 이렇게 살아라, 좌절에 빠진 이들에게, 일상 속의 스님 모습 등 총 8장 73가지 일화를 담은 이 책 속에는 우리의 정신을 번쩍 깨어나게 하고 새로운 기운을 불러 일으키는 일화들을 비롯하여, 스님께서 제자·시자·신도·수행승들과 함께한 일상 생활 속의 참모습들이 생생하게 묘사되어 있습니다.   4×6판 180쪽 5,000원

참 생명을 찾는 경봉스님 가르침 / 김현준   신국판 192쪽 6,500원

경봉스님의 참 생명을 찾는 공부 방법과 도와 인생의 실체, 이 사바세계를 무대로 삼아 멋있게 사는 법 등을 다양한 이야기와 함께 엮은 책입니다..

도와 함께하는 행복과 성공 / 김현준 엮음   신국판 160쪽 5,500원

경봉대선사께서 행복은 어디에 있고 어디에 깃들며, 어떻게 할 때 성공하는가? 복 짓는 법과 성공에 있어 가장 필요한 것은 무엇인가를 설한 책입니다..

바보가 되거라(경봉스님 일대기) / 김현준 엮음   신국판 224쪽 7,500원

불교신행의 주춧돌 / 우룡스님   신국판 240쪽 8,000원

신행생활 속에서 자주 겪게 되는 시행착오를 미리 피하고, 올바른 정진을 하여 깨 달음의 세계로 나아가는데 꼭 필요한 마음가짐과 신행방법 등을 자상한 문체와 일화들로 알기 쉽게 엮었습니다.

정성 성誠이 부처입니다 / 우룡스님   신국판 240쪽 8,000원

'정성 성'이 부처요, 모든 것이 부처님 하는 일. 대우주와 하나되는 삶, 마음 단속과 마음 열기, 마음 다스리기, 번뇌와 업장을 비우는 방법 등을 쉽게 일러주고 있습니다.

불자의 행복 찾기 / 우룡스님   신국판 190쪽 6,500원

우룡스님 설법의 결정판. ① 복 받기를 원하거든 ② 보시로 이루는 큰 복 ③ 아상 과 무주상 ④ 행복과 기도의 총 4장으로 나누어져 있는 이 책을 읽다 보면 복 짓 고 복 쌓고 복 받는 방법과 원리를 저절로 터득할 수 있게 됩니다.

신심으로 여는 행복 / 우룡스님   신국판 192쪽 6,500원

믿음과 기도, 신심을 키우는 방법, 신심 속에서 나타나는 가피와 성취, 윤회에 대한 믿음, 불성의 발현과 믿음, 가정과 나를 살리는 실천법 등이 수록되어 있습니다.

불자의 살림살이 / 우룡스님   신국판 160쪽 5,500원

참된 불자의 살림살이가 무엇인지, 특히 가족을 향한 참회와 복 짓는 방법, 평온을 얻고 지혜를 이루는 방법을 쉽고도 일목요연하게 설한 법문집입니다.

불교의 수행법과 나의 체험 / 우룡스님   신국판 160쪽 5,500원

염불 및 주력수행법, 기도를 잘하는 법, 경전공부의 방법, 참선 수행법, 수행과 업 징소멸, 수행징진의 비결 등을 스님의 체험을 예로 들면서 재미있게 엮었습니다.

알기 쉬운 경전 해설서

생활 속의 반야심경 / 김현준   신국판 240쪽 8,000원
공空의 의미, 모든 괴로움의 원인과 괴로움에서 벗어나는 방법, 색즉시공 공즉시색의 참
뜻, 걸림 없고 진실불허한 삶을 이루는 방법 등을 반야심경의 경문을 따라 쉽고 상세하고
재미있게 풀이하고 있습니다.

화엄경 약찬게 풀이 / 김현준   신국판 216쪽 7,000원
불자들이 자주 독송하는 화엄경약찬게! 화엄경약찬게를 그냥 읽으면 참으로 어렵고 무슨 내
용인지 알 수 없지만 이 풀이를 본 다음에 읽으면 약찬게를 명확히 파악할 수 있게 될 뿐 아
니라 화엄경의 내용까지 꿰뚫어 환희심이 샘솟고 대화엄의 세계에서 노닐 수 있게 됩니다.

생활 속의 천수경 (개정판) / 김현준   신국판 240쪽 8,000원
천수관음이 출현하신 까닭, 천수관음을 청하는 법과 가피를 얻는 법, 신묘장구대다라니의
풀이와 공덕, 찬탄의 공덕과 참회성취의 비결, 준제기도 및 주요 진언 속에 깃든 의미, 여래
십대발원문 사홍서원 삼귀의 의미 등을 상세히 풀이하였습니다.

생활 속의 금강경 / 우룡스님   신국판 304쪽 9,000원
금강경의 심오한 내용을 알기 쉽게 풀이하고 일상생활과 접목시켜 강설함으로써 삶의 현
장에서 금강경의 가르침을 능히 응용할 수 있도록 하였고, 감동을 주는 일화들을 많이 삽
입하여 재미를 더해주고 있습니다.

생활 속의 관음경 / 우룡스님   신국판 240쪽 8,000원
관세음보살보문품인 관음경을 통하여 관세음보살의 본질, 일심칭명과 재난 소멸법, 공경
예배와 소원 성취법, 관세음보살을 관하는 법 등에 대해 여러 가지 영험담과 함께 감동적
으로 풀이하고 있습니다.

생활 속의 보왕삼매론 / 김현준   신국판 240쪽 8,000원
『보왕삼매론』을 해설한 이 책은 병고 해탈, 고난 퇴치, 마음공부와 마장 극복, 일의 성취,
참사랑의 원리, 인연 다스리기, 공덕 쌓는 법, 이익과 부귀, 억울함의 승화 등 누구나 인생
살이에서 겪게 되는 장애들을 속 시원하게 뚫어주고 있습니다.

천지팔양신주경 사경 (1책으로 3번 사경)   4×6배판 112쪽 4,500원
옛부터 건축 · 결혼 · 출산 · 사업 · 죽음 등 평생의 삶 중에서 중요한 때마다 읽고 쓰면 크
게 길하고 이롭고 장수하고 복덕을 갖추게 된다고 전해지고 있습니다.

부모은중경 사경 (1책으로 3번 사경)   4×6배판 112쪽 4,500원
부처님께서는 부모님의 은혜를 새기면서 이 경을 쓰게 되면 그 어떤 행보다 큰 공덕이 생
겨난다고 하였습니다. 정성 들여 사경하면 뜻하는 바가 이루어집니다.

보왕삼매론 사경 (1책으로 50번 사경)   4×6배판 120쪽 4,500원
보왕삼매론을 사경하면 재앙이 소멸됨은 물론이요 생활 속의 걸림돌이 디딤돌로 바뀌고
고난이 사라져 하루하루가 편안해집니다.

보현행원품 한글사경 (1책으로 3번 사경)   4×6배판 120쪽 4,500원
행원품을 사경하면 자리이타의 삶과 업장 참회, 신통 · 지혜 · 복덕 · 자비 등을 빨리 이룰
수 있고 세세생생 불법과 함께하며 보살도를 성취할 수 있습니다.

약사경 한글사경 (1책으로 3번 사경)   4×6배판 112쪽 4,000원
약사경을 사경하면 약사여래의 가피가 저절로 찾아들어, 병환의 쾌차, 집안 평안, 업장소
멸을 비롯한 갖가지 소원을 쉽게 성취할 수 있습니다.

영험 크고 성취 빠른 각종 사경집 (책 크기 4×6배판)

광명진언 사경 (가로쓰기:1080번 사경)   128쪽   5,000원
광명진언 사경 (세로쓰기:1080번 사경)   128쪽   5,000원
눈으로 보고 입으로 외우고 손으로 쓰고 마음으로 새기는 광명진언 사경은 크나
큰 성취를 안겨줍니다.

금강경 한글사경 (1책으로 3번 사경)   144쪽   5,500원
금강경 한문사경 (1책으로 3번 사경)   144쪽   5,500원
금강경 한문한글사경 (1책으로 1번 사경)   100쪽   4,000원
요긴하고 으뜸된 경전인 금강경을 사경해 보십시오. 업장소멸과 함께 크나큰 깨
달음과 좋은 일들이 저절로 다가옵니다.

아미타경 한글사경 (1책으로 7번 사경)   116쪽   4,500원
살아 생전 또는 부모나 가까운 분이 돌아가셨을 때 이 경을 쓰면 극락왕생이 참
으로 가까워집니다.

반야심경 한글사경 (1책으로 50번 사경)   116쪽   4,500원
반야심경 한문사경 (1책으로 50번 사경)   116쪽   4,500원
반야심경을 사경하면 호법신장이 '나'를 지켜주고, 공의 도리를 깨달아 평화롭
고 안정된 삶이 함께 합니다.

신묘장구대다라니 사경 (50번 사경)   116쪽   4,500원
대다라니를 사경하면 관세음보살님과 호법신장들이 '나'와 주위를 지켜주고 소
원성취와 동시에, 행복하고 자비심 가득한 마음을 가질 수 있도록 해줍니다.

천수경 한글사경 (1책으로 7번 사경)   112쪽   4,500원
천수경을 사경하고 독송하면 천수관음의 가피가 저절로 찾아들어, 업장 및 고난
의 소멸과 갖가지 소원을 쉽게 성취할 수 있습니다.

관음경 한글사경 (1책으로 5번 사경)   112쪽   4,500원
관음경을 사경하면 늘 행복이 함께하며, 학업성취·건강쾌유·자녀의 성공·경제
문제 등에도 영험이 매우 큽니다.

지장경 한글사경 (1책으로 1번 사경)   144쪽   5,500원
지장경을 사경하고 독송하면 영가천도는 물론이요, 각종 장애가 저절로 사라지
고 심중의 소원이 성취됩니다.

아미타불 명호사경 (1책으로 5,400번 사경)   160쪽   6,000원
'나무아미타불'과 '아미타불'을 오회염불법에 따라 외우고 쓰는 특별한 명호사
경집입니다. 집중력을 더하여, 심중 소원 성취에 큰 도움을 줍니다.

관세음보살 명호사경 (1책으로 5천4백번 사경)
지장보살 명호사경 (1책으로 5천번 사경)   각 권 108쪽   4,500원
'관세음보살'이나 '지장보살'의 명호를 쓰면서 입으로 외우고 마음
에 새기면, 관세음보살님과 지장보살님의 가피를 입어 몸과 마음이
큰 변화를 이루고, 마음속의 원을 능히 성취할 수 있습니다.

많이 찾는 기도 독송용 경전

✿

한글『법화경』과『법화경 한글사경』

불교 최고 경전인 법화경! 이 경을 독송하고 사경해 보십시오.
소원성취는 물론 깨달음과 경제적인 풍요까지 안겨줍니다.

법화경 (독송용) 김현준 역　4×6배판　총22,000원
전3책 제1·2책 176쪽 7,000원 제3책 192쪽 8,000원

법화경 한글사경 김현준 역　4×6배판　총 22,500원
전5책 각권 120쪽 내외 권당 4,500원

지장경 김현준 편역　　　　　4×6배판　208쪽　8,000원

이 책은 지장기도를 하는 분들을 위해　① 지장경을 처음부터 끝까지 1번 독송,
② '나무지장보살'을 천번염송,　③ 지장보살예찬문을 외우며 158배,
④ '지장보살'천번 염송의 4부로 나누어 특별히 만들었습니다.
　지장경 독경 및 지장보살예참과 염불을 할 때, 각 장 앞에 제시된 기도법에 따라
기도를 하면, 영가천도·업장소멸·소원성취·향상된 삶을 이룩할 수 있습니다.

자비도량참법 / 김현준 역　　　　양장본　528쪽　22,000원
참되이 참회하시기를 원하십니까? 자비도량참법 기도를 하면 나의 허물과 죄업의
참회에서 시작하여 부모 스승 친척 등 육도 속을 윤회하는 온 법계 중생의 업장과
무명까지 모두 소멸시켜주며, 자비가 충만해지고 환희심이 넘쳐나게 됩니다.

원각경 / 김현준 편역　　　　　4×6배판　192쪽　8,000원
한국불교의 근본 경전인 원각경을 수십 차례 번역·수정·윤문하여 쉽게 이해할 수 있도록 하
였습니다. 한글과 원문을 바로 옆에 두어 대조하며 읽을 수 있습니다.

유마경 / 김현준 역　　　　　4×6배판　296쪽　12,000원
보살의 병, 불도란 어떤 것인가? 깨달음의 세계로 들어가는 불이법문, 참된 불국토를 건설하는
방법 등등 매우 소중한 가르침들을 가득 담고 있는 이 경을 읽다보면 마음이 탁 트입니다.

승만경 / 김현준 편역　　　　　4×6배판　144쪽　6,000원
여인의 성불 수기와 함께 승만부인의 서원, 정법·번뇌·법신·일승·사성제·자성청정심·여
래장사상 등을 분명히 밝힌 보배로운 경전입니다.(한글 한문 대조본)

보현행원품 / 김현준 편역　　　　4×6배판　112쪽　4,500원
행원품과 예불대참회문을 함께 실어 독경 후 행원품에 근거한 정통 108배를 행할 수 있도록
만들었으며, 독송 방법과 대참회의 의미 등도 상세히 설명하였습니다.

밀린다왕문경 / 김현준 편역　　　　신국판　204쪽　7,000원
그리스 왕인 밀린다와 불교 승려인 나가세나가 인생과 불교에 대해 대론한 것을 정리한 경전.
윤회·업·수행·지혜·해탈 등에 대한 조리정연한 번역이 신심을 더욱 불러일으킵니다.

● 아름다운 우리말 경전 시리즈 ●

〈가지고 다니면서 틈틈이 읽게 되면 독송과 기도에 큰 도움이 됩니다〉

유교경 (신간) / 일타스님·김현준 역 　　　　　국반판 100쪽 2,000원
부처님의 간절한 마지막 가르침을 담은 매우 소중한 경전.

금강경 / 우룡스님 역 　　　　　国반판 100쪽 2,000원
'금강경을 우리말로 보급하겠다'는 원력에 의해 제작된 책.

관음경 / 우룡스님 역 　　　　　국반판 100쪽 2,000원
관음경의 번역과 함께 관음기도와 염불법에 대해 자세히 설한 책.

보현행원품 / 김현준 편역 　　　　　국반판 100쪽 2,000원
보현보살의 십대원을 설하여 참된 보살의 길로 이끌어주는 책.

약사경 / 김현준 편역 　　　　　국반판 100쪽 2,000원
한글 번역과 함께 약사기도법과 약사염불법에 대해 자세히 설한 있는 책.

지장경 / 김현준 편역 　　　　　국반판 196쪽 3,500원
편안한 번역으로 쉽게 이해할 수 있도록 하였으며, 기도법도 자세히 수록한 책.

부모은중경 / 김현준 역 　　　　　국반판 100쪽 2,000원
부모님의 은혜를 느끼며 기도를 할 수 있게 엮은 책.

초발심자경문 / 일타스님 역 　　　　　국반판 100쪽 2,000원
신심을 굳건히 하고 수행에 대한 마음을 불러일으키게끔 하는 책.

법요집 / 불교신행연구원 편 　　　　　국반판 100쪽 2,000원
법회와 수행 시에 필요한 각종 의식문, 좋은 몇 편의 글들을 수록한 책.

선가귀감 / 서산대사 저·용담스님 역 　　　　　국반판 160쪽 3,000원
선수행 뿐 아니라 참회 염불 육바라밀 등 불교의 요긴한 가르침을 담은 책.

금강경 / 우룡스님 역 　　　　　4×6배판 112쪽 4,000원
책 크기만큼 글씨도 크게 하고 한자 원문도 수록하였으며, 독송에 관한 법문도 첨부하였습니다. 사찰 및 가정에서의 독송용으로 매우 좋습니다.

약사경 / 김현준 편역 　　　　　4×6배판 100쪽 3,500원
아주 큰 활자로 약사경 한글 번역본을 만들었습니다. 약사경 독경 방법 및 약사염불법도 함께 실어 기도에 도움이 되도록 하였습니다.

관음경 / 우룡스님 역 　　　　　4×6배판 96쪽 3,500원
커다란 글씨의 관음경 해설과 함께 관음경의 원문과 독송법, 관음 염불 방법 등을 수록하여 관음경의 가르침을 쉽게 이해하도록 하였습니다.

아미타경 / 김현준 편역 　　　　　4×6배판 92쪽 3,500원
아주 큰 활자 번역본으로, 독경 및 '나무아미타불' 염불 방법을 함께 실었습니다. 사찰에서 대중이 함께 독송할 때 또는 집에서 독송할 때 매우 유용합니다.

무량수경 / 김현준 역 　　　　　4×6배판 176쪽 7,000원
아미타불은 어떠한 분이며, 극락에는 어떠한 장엄과 멋과 행복이 갖추어져 있는가? 극락에 왕생하려면 이 현생에서 어떠한 삶을 살아야 하는가를 자상하게 묘사하고 있어, 독송을 하면 신심이 저절로 우러납니다.

생활 속의 천수경

초 판 1쇄 펴낸날 2016년 9월 20일
개정판 1쇄 펴낸날 2020년 2월 13일 (전체 내용 개정)
　　　 3쇄 펴낸날 2022년 12월 29일

지은이 김현준
펴낸이 김연지
펴낸곳 효림출판사

등록일 1992년 1월 13일 (제2-1305호)
주 소 서울시 서초구 반포대로14길 30, 907호 (서초동, 센츄리 I)
전 화 02-582-6612, 587-6612
팩 스 02-586-9078
이메일 hyorim@nate.com

값 8,000원

ISBN 979-11-87508-38-0 03220